10万組の親子が学んだ

子どもの英語「超効率」勉強法

児童英語研究所所長 船津洋

かんき出版

あなたと同じやり方で、子どもに英語を教えますか？
それで、本当に身につきますか？

子どもは、言葉を身につける天才です。大人よりもはるかに優秀です。

赤ちゃんは特別な教育を受けなくても、だいたい2歳までには日本語をしゃべれるようになります。

同じように、英語を身につけることはできないのでしょうか。

それが、できるんです。

ネイティブ以上に英語を使いこなすことすら可能です。

早く始めれば始めるほど有利ですが、**小学生の間であれば、やり方をアレンジすることで、誰でも英語は身につけられます。**

英検準1級だって夢ではありません。

この本では、とても合理的な英語の勉強法をお伝えします。
言語学や脳科学では至極まっとうである、と裏付けられた方法です。

私はこれまでに10万人以上のお子さんに、
この勉強法を実践してきました。

おかげさまで、英語以外の他の教科の成績も上がる、と親御さんからも喜ばれています。
親が付きっ切りで教える必要がないため、共働きのご家庭にはとくにお勧めです。

その勉強法を『子どもの英語「超効率」勉強法』と
名づけました。

0-0 子どもの英語「超効率」勉強法とは

勉強法の種類 / コストや期間など	これまでの勉強法	英語「超効率」勉強法
精神的コスト	多い	**少ない**
やる気	成果はやる気次第	**本人の意思は関係なし**
努力	絶対必要	**努力させたらダメ**
経済的コスト	50万〜100万円以上	**50万円以下**
開始時期	小学３年生〜	**思い立ったらいつでもOK**
学習期間	8〜10年	**2〜4年**
学習方法	文法などの勉強が中心	**音環境と読書のみ**
費用対効果	絶望的	**期待以上**

した体験者（親）の声○

パイロットになる夢をかなえるために、英語を学び続けて英検1級を取りたいと言っています（笑）。

子どもが間もなく幼稚園入園という時期に、毎日CDをかけ流すだけだったら、忙しい我が家でも簡単に取り組めるのでは、という軽い気持ちで始めました。1週間ほどたった頃、教材で紹介されているpicture bookの文章を子どもが突然ペラペラと話し出したのを聞き、耳を疑いました。

幼稚園の年中になり、英検5、4級、年長になってから3級にも合格しました。小2で準2級に挑戦したところ、全体で9割、スピーキングは満点。子どもと手を取り合って喜びました。

（子どもが小2で英検準2級合格・Tさん）

他のお子さんと比較して焦る必要はない、と気づかされました。

うちの娘は小2のときに英検5級に初挑戦しました。「ここわからな〜い」と聞かれても日本語に訳さないで教えるようにしていました。過去問を3年分やらせましたがサラッと答え合わせしたら、正解の文章を音読しておしまい。それで合格できました。

その後、4級は3回落ちましたが船津先生の勉強法を細々と続けたら、ある日突然、英文を読むスピードが上がり、4回目は無事に合格しました。

（子どもが小5で英検4級合格・Hさん）

本書の勉強法を実践

英会話を習っていなくても英語で言いたいことがちゃんと言える子に育ってくれました。

息子がこの勉強法に出会ったのは幼稚園の年長さんになるときです。絵本を使った音声のかけ流しとオンラインレッスンを組み合わせたものでした。サラッとした取り組みでしたが、コツコツ続けていました。

英検デビューは小1の冬、4級から。2年の夏に3級、冬に準2級と順調に合格しました。2級合格までには3年のブランクがありましたが、読書は毎日続けていました。2級の英作文対策のおかげもあって、発信力も身につけたようです。

（子どもが小5で英検2級合格・Tさん）

日本の英語教育の効率が非常に悪いことがハッキリとわかりました。

母親である私が中学から英語を始め、大学でも専攻し米国留学までしたのに、身についたとは言えませんでした。子育てでは、本書の勉強法を参考にして10年間、「小さな音で毎日のスイッチポン」を合い言葉に、音声をずっとかけ流していました。

おかげさまで子どもは留学歴などもありませんが、小6で英検準1級に、中3で1級に合格しました。

夫は無関心でしたが、結果が出ると気をよくして、仕事で読まないといけない英文を子どもに渡して、秘書代わりにしていました。お互いに楽しそうでした。また、夫自身のTOEICの点数も上がり、数年間の海外勤務が発令される事態となりました。

（子どもが小6で英検準1級合格、高1でTOEIC 990点・Yさん）

はじめに

外国語、**たとえば英語を身につけるにはどれくらいの時間がかかるのでしょう。**

交換留学プログラムなどでホームステイする中高の留学生たちは3か月とか4か月で英語がわかるようになります。もう三十数年前のことですが、私自身も高校時代に1年間の米国での交換留学プログラムを経て英語を身につけました。

渡米当初は授業どころか、ステイ先での日常会話すらままならない状態でしたが、ある日気がつけば英語がわかるようになっていました。

この間、わずか4か月ほどです。

英語を身につけていない人にとって英語を理解するためには、どうしても日本語に訳すことがついて回りますが、実は、日本語に訳しているうちは英語を身につけたとは言えないのです。

一度英語を身につけてしまった人たちは、英語を日本語に訳さず理解しています。

言語学の世界では、言葉の理解は瞬時に行われることがわかっています。言葉の処理は、０・２秒～０・６秒という極めて短い時間で行われています。言葉を聞いたそばから理解し、次に何がやってくるのかを予測し、雑音などで聞き取れなかった箇所も補完し、さらに曖昧な文の意味の処理までしているのです。これは「考え」たり「訳し」たりしていたら、到底できないスピードです。

本当の意味で「英語を身につけること」は英語をいったん日本語に「訳す」のではなく、私たちにとっての日本語や、英語を身につけてしまった留学生にとっての英語のように、目や耳にするやいなや、即座にそのまま理解できることを指します。

そして、結論から言えば、**そのような英語力を身につけるのは至って簡単なのです。**

特に、子どもたちにとっては。

ただし、そこには正しい学習方法が必要となります。従来、学校で教えられてきた英語の学習法をいくら繰り返しても、こうした直感的な英語力は獲得できません。

現に多くの大人たちが未だに英語に苦労しているのが、その証しです。英語を身につけるには、これまでの方法から一歩踏み出す必要があるのです。


そこで、重要になるキーワードが「インプット（入力）」です。


私は30年以上にわたって主に幼児から小学生の英語教育に携わり、多くのバイリンガルを育ててきました。そんな中で数年前、英語を身につけられない大多数の日本人には「何が足りないのか」を突きとめるために、一念発起して大学へ戻り、言語学を一から勉強し直すことにしました。

そして、「日本人の英語ができない理由」を探り続けた結果、1つの結論に到達しました。それは拍子抜けするほど単純なことでした。

英語ができる人とできない人の違いは「インプット」に成功しているか否かという、このたった一点に収まってしまったのです（詳しくは後ほど説明します）。

どんな技能でもマスターするには「夢中になって」情熱を注ぎ、実践に「多くの時間を費やす」のが大切であることには、どなたも異存はないでしょう。言語学でも、**大量の「インプット」こそが、言語獲得の最善の方法だと考えられています**。

この観点に立つと、私たちがこれまで学校で教えられてきた英語学習法は妥当と言えるのでしょうか。

学校英語では英文法や英文和訳や和文英訳にかなりの時間が割かれています。ところが、**大量の英文の「インプット」となると、現在の教育システムではほとんど行われていないに等しい**のです。

中学校の英語の授業は3年間で420コマにも上ります。さらに塾や宿題を考えれば、中学生は軽く1000時間も英語に費やしています。しかし、ほとんどは英語の獲得に必要となる英文の「インプット」ではなく、文法や和訳の学習に費やされているのです。

教科書に目を向けてみると、こちらも大量の入力にはほど遠いことがわかります。

一般的に使用されている中学校の教科書の「地の文」で使用される語の総数は、3年分で7000語ほどです。音読すると30分もかからない分量です。30分で読める内容に、3年間、1000時間もかけているのです。お世辞にも「大量にインプットしている」とは言えません。

もちろん初学者には文法教育が必要であることは否定しませんが、微に入り細に入りの文法項目に割く時間を、少しでも英文の「インプット」に回してくれれば、と祈るばかりです。

さらに最近では、文法教育偏重への反省からか、ただでさえ「インプット」が少ないところに英会話という「アウトプット」の要素まで入ってくるのです。それも30人いる生徒1人ひとりに先生が割ける時間を考えれば、ほとんど「インプット」にはつながっていないことは自明でしょう。

本書では、この「外国語獲得」と「インプット」の関係に関しては、さらに触れていくことになります。その前にプロローグとして、日本の英語学習における常識を「インプット」の視点から一問一答形式で、検証してみることにします。

いかに日本では、英語の「インプット」という考え方が欠けているかがおわかりいただけるでしょう。

私たちは日本語に限らず、あらゆる言語を身につけられるようにプログラムされて

0-1 学習よりも入力で英語は身につく

普通の学校英語

勉強1000時間

留学

言語環境1000時間

結果は?

時間をかけて訳しても
うまく理解できない。
会話なんて無理！

スラスラ読んでわかる。
会話も余裕！

違いは?

入力になっていない

入力になっている

つまり……

入力できているか否かの差で、英語が身につくかどうかは決まる

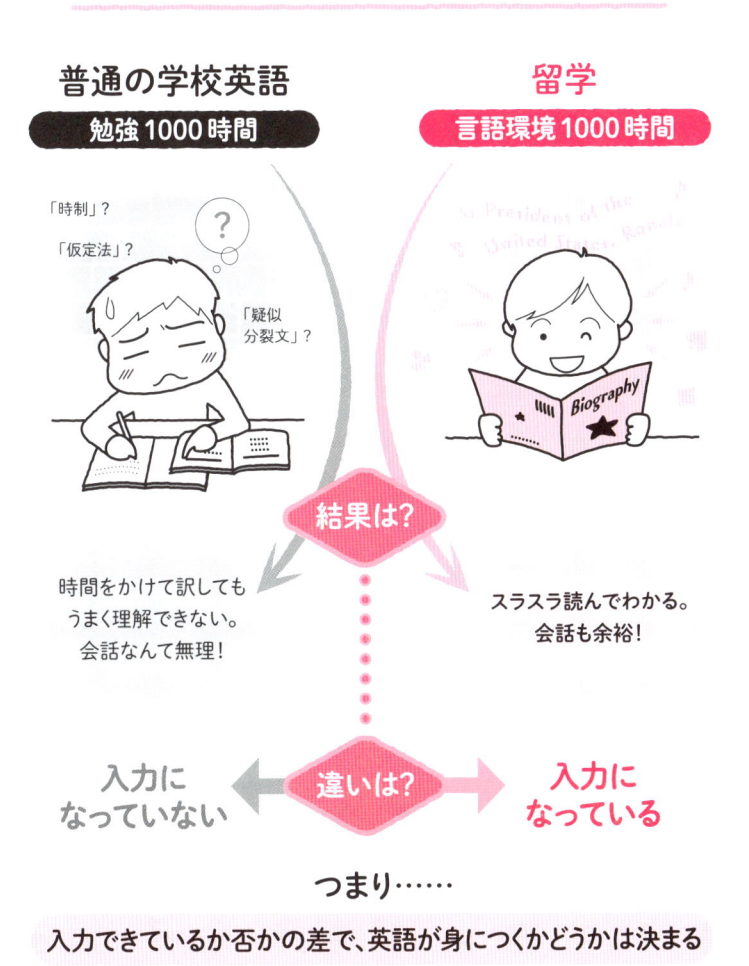

生まれてきます。特に子どもたちは言語の習得能力に優れており、小さければ小さいほど、苦労をせずに外国語を身につけることができます。

そして、繰り返しになりますが、そのためのキーワードが「インプット」なのです。


最後に1つご案内があります。

本書をご購読くださった方のために特典を用意しました。もともとは第7章「子ども『英作文力』はこうすれば上がる!」として掲載する予定だったものです。入手方法を巻末に紹介しておきましたので、あわせてお役立ていただければ幸いです。

読者のみなさんのお子さまが、本書でお勧めする方法論を通じて「インプット」を実践され、「使える英語」を身につけることを心より願っています。

2019年11月

船津　洋

＊英検は、公益財団法人 日本英語検定協会の登録商標です。
＊QRコードは、株式会社デンソーウェーブの登録商標です。

『10万組の親子が学んだ 子どもの英語「超効率」勉強法』◎目次

Contents

第1章 英語教育を早く始めることで手に入るメリットとは

第2章 子どもの英語「超効率」勉強法・基本編

Contents

Do you want some more soda?
Yes, please!
なんでわかっているのかしら？

第5章 小学校低学年から始める英語「超効率」勉強法

Do you want to go to the park?
Alright, I've brought some bread so we can feed the

Contents

編集協力◎竹下 祐治
カバーデザイン◎井上 新八
本文デザイン・図版作成・イラスト◎齋藤 稔（ジーラム）
本文DTP◎野中 賢（システムタンク）

プロローグ

子どもの英語は なぜ身につかないのか？

この章のSUMMARY

- 英語を身につけるために一番重要なのは、大量の「インプット（入力）」。インプットでまず受信力が、その後に発信力が獲得される。

- インプットする情報は、難しすぎずやさしすぎずちょうどよい質のものにするべき。そして、少しだけ新しい情報を継続的に、ストレスなく与えることが必要である。

- インプットは耳からが基本であり、正しい発音を身につけることが大事。それに加えて、文字入力も併用して「読解力」を身につけさせることで、英語は脳に定着する。

['kwɛstʃən]

Q1.

英語を身につけるためには、英会話をする「場」が必要？

['ænsər] A1.

▼答えはノーです。会話は出力であって入力ではありません。

「英語をアウトプットしないから英語が身につかない」と考え、実際に英語を話す機会を求めて英会話教室へ通うことは一見論理的な行動に思えます。

しかし、ここには大切なことが抜け落ちています。**英語を身につけるには、まず英語を「受信」できるようになる**ことが必要です。話すのはその後の課題です。

そのためには留学生のように、1000時間とか2000時間の大量の英語にさらされることが必要です。週数時間程度の英会話では決定的に入力の量が足りません。

またネイティブ講師とのレッスンでは、理解できれば"Yeah","No"と応えれば事足りて、深みのある会話になりません。相手の英語を理解できなくても"maybe","I don't know"と言っておけば、その場はそれで済んでしまうのです。

このように一見英会話が成立しているように見えて、表面的な言葉のやりとりに終始しているケースが少なくありません。**英会話は出力にはなりますが、英語を身につけるための十分な入力は別に必要となります。**

['kwɛstʃən]

Q2.

親が英語で話しかけるとよい？

['ænsər] A2.

▼原則ノーです。入力の質に問題が生じる可能性大です。

少しでも多くの英語に触れさせようとして、英語で子どもに話しかけている親御さんを目にします。「入力」においては悪いことではありません。また、親の語りかけは英語の「誘い水」となり、子どもから英語の出力を導けます。

しかし、**親がバイリンガルでなければいくつか問題があります**。

まず、乏しい語彙と不正確な文法だと、**挨拶や単語のやりとりばかりになりがちです**。また、詳しくは第2章に譲りますが、**英語の発音の問題は極めて重大です**。勘で口にする間違えた英語の発音は、入力の質に問題を残します。

極端な例ですが、四六時中英語のビデオを流しっぱなし、母親も父親も片言の英語で話しかけ続けた結果、幼稚園に入園する段になって、英語どころか日本語すら身についていない、いわゆるセミリンガルになってしまったケースもあります。

日本語の発達を促す「日本語の入力」のためにも、ご両親は日本語で話しかけることを強くお勧めします。

[ˈkwɛstʃən] Q3.

大人になってからでも、
やる気次第で
英語は身につく？

['ænsər] A3.

▼答えは限りなくノーに近いイエスです。

大人になってから英語を身につけたまれな例を持ち出して、それを拡大解釈して「やる気になれば大丈夫」とする考え方があります。

もちろん留学生や海外転勤など、英語を身につけなければならない環境に置かれれば、強制的な「入力」が発生するので誰でも英語を身につけられます。

しかし、問題はそのような過酷な環境を選んだり、自らを追い込んだりすること自体が、ほとんどの日本人には発生しない点です。

また、今や日本人にとって英語は必要な技能です。しかし、本人が「やる気になって」「頑張って」も、英語を身につけられないのが現実ではないでしょうか。

繰り返しになりますが、**従来、日本の英語教育の環境には「入力」という考え方が抜け落ちていました**。そこに気づかずに従来型の学習法にこだわっていては、いくらやる気と頑張りを見せても、英語を身につけられる可能性は絶望的に低いのです。

[ˈkwɛstʃən]

Q4.

子どもに英語を好きになってもらって、楽しく学べば身につく？

['ænsər] A4.

▼ノー。英語を身につけるのに好きになる必要も楽しむ必要もありません。

最近ちらほら耳や目にするCLIL（内容言語統合型学習）にも通じますが、世の中には「完璧でなくてもよいので、とりあえず英語で話してみよう」という考え方があります。

英語で話して通じれば、楽しく、楽しければ、英語を好きになる。そして、英語を好きになれば、「入力」の機会も増える。中学生以上には効果的かもしれません。

しかし、幼児・児童期の子どもにこの考え方をそのまま当てはめてはいけません。この点は第2章で詳しく述べますが、**もともと幼児・児童は言葉に対して高い学習能力を持っています**。モチベーションではなく、彼らに備わっている高い言語獲得能力を活かした方がよほど効率がよいのです。

それが証拠に、どんな子でも、気がつけば日本語を身につけていますね。

そのためには大量の「入力」により、子どもが本来持っている言語獲得力を目覚めさせるだけでよいのです。

['kwɛstʃən]

Q5.

多読で英語を身につけるのが正しい？

['ænsəɹ] A5.

▼ノーです。最初から多読ができるくらいなら苦労はありません。

言語をマスターするにあたって、多読は正統派の取り組みです。言語力を高めたいなら、英語であろうが日本語であろうが多読がよい、というのは常識でしょう。

しかし、いざペーパーバックを広げて読み始めてみてもうまく行かず、数ページで本を閉じてしまうことは珍しくありません。

日本人は心のどこかで「自分は英会話はできないが、読めばわかる」と思い違いをしていますが、実のところ、英語を読んでも理解できない人が大多数です。そして、**意味がわからないものをいくら読んでも、「入力」になり得ません**。

多読は「読めて」「理解できて」初めて可能となる取り組みです。多読はある程度以上に英語がわかる人向けの取り組みなのです。

この点に関してはいくつかの章にわたって詳しく述べますが、実は**多読の前に1つ「素読」という取り組みを導入する**ことによって、スムーズに多読へと繋げることができます。

[ˈkwɛstʃən]

Q6.

やはり文法教育は大切なのでは？

[ˈænsər] A6.

▼ノーです。それでは堂々巡りです。文法教育でうまく行かなかったことを忘れてはいけません。

「英検の4、5級はリスニングと若干の読解力で合格できるが、3級からは文法を知らないといけない」という声を、お子さんの英検受験を目指している親御さんから聞くことがあります。

そんなことは全くありません。文法など1つも知らなくても英語は身につきますし、英検1級にも合格できます。

言葉を使いこなすのに必要なのは、意識的に使用される文法知識ではなく、「シンタクス」（第2章にて後述）と呼ばれる「無意識の知識」です。我々は日常的に日本語の文法を全く気にしていないのに日本語を使いこなします。これは頭の中に日本語の「シンタクス」を持っているからなのです。

そして「シンタクス」は、「入力」により自然と獲得されます。

['kwɛstʃən]

Q7.

子どもの頃に覚えても
忘れるからムダ？

['ænsər] A7.

▼イエスでありノーでもあります。

小さい頃に英語を習っていたにもかかわらず、全く英語ができない人、あるいは忘れてしまった人たちがいます。

子どもの頃に少しだけ英会話教室に通ったくらいの方々は、そもそも英語が身についていないので、問題にする必要はありません。

しかしながら、帰国子女のように英語を使いこなせるレベルまで身につけたにもかかわらず、忘れてしまうのは大問題でしょう。

この点に関しても、第2章で詳しく実例を挙げてご説明しますが、結論から言えば、**子どもの頃に身につけた英語力を維持するには、読解力を身につけることが必要です。**子どもの頃にせっせと英語を身につけさせても、消えてしまっては元も子もありません。

英語を話せるようになって満足していてはダメで、読めるようになって、ようやくしっかりした英語力と呼べるのです。

['kwɛstʃən]

Q8.

【番外編】小さい頃に英語を学ばせると日本語がおかしくなる？

['ænsər] A8.

▼全くナンセンスです。「相当歪んだ環境」を作らなければ、普通にバイリンガルに育ちます。

「小さい頃に英語を教えると日本語の発達に支障が出る」などと脅す人たちがいます。しかし、これは全くのナンセンスです。このような発言をする人たちは世の中の無数のバイリンガルたちを一体なんだと思っているのでしょう。

前述のように両親ともに片言の英語で語りかけたり、英語漬けの環境を与えたら、日本語は育ちません。国際結婚の夫婦の間に育っても、どちらかの言語（たとえば英語）のみで話しかければ、他方の言語（たとえば日本語）の発達は遅れて当然です。

しかし、**ご両親ともに日本語で話しかけ、プラスαで英語教育をすれば、日本語の発達に影響が出ることはありません**。

また、日本人の日本語の能力、コミュニケーション能力や表現力の低さを英語教育に帰する人がいますが、それは英語教育ではなく、国語教育の問題です。

しっかりと日本語教育を行い、その上で英語教育を行えば、日本語に優れ、さらに英語ができるバイリンガルに育ちます。

1 「わかる」と「話す」はどちらが先か

◉優先すべきは「発信力」よりも「受信力」

言語というものは「記号」と言い換えることができます。その記号にはいろいろな種類があって、それが日本語であったり、英語であったり、フランス語や中国語であったりします。

言語の使われ方を観察すると、さまざまな記号でやりとりされていることがわかります。手旗信号やモールス信号、手話もその1つですし、もちろん口から音声として発信されたり、文字にして書かれたりもします。

このように私たちは日常的にさまざまな記号（音声とか文字が中心ですが）に載せて情報をやりとりしています。情報を記号に置き換えて発信したり、また、記号を受信してそこからさまざまな情報を読み取ったりしているわけです。

そして、もちろん、**その記号のやりとりにはさまざまなルールがあります。**

適当に手旗を振り回しても、ツートンツートンとモールス信号のように音を出してみても、また手話のようにいろいろな形に手を動かしてみても、それがルールに則っていなければ、情報を伝えることはできません。

そして言語にも、日本語には日本語の、英語には英語のルールがあります。さらにそのルールの獲得には順序があるのです。

言語学の世界では「知覚と産出」という言葉が頻繁に使われます。小難しい表現なので、わかりやすく置き換えると、**情報の「受信と発信」と言えます。そして、この両者はお互いに密接に関係している**と考えられています。

情報を受信する能力と発信する能力はバラバラの技能ではなく、受信の能力が高まれば発信の能力も連動して高まるというわけです。

さらに、**一般的な言語の発達において、受信力の方が先行して発達し、発信力はそれに後続します**。

幼児は言葉を身につける際に、まずママやパパからのメッセージを受信できるようになります。その後、少しずつ発信が始まります。このように、順序としては、まずは受信、その後に発信の順です。

また、受信力と発信力の間にはもうひとつの関係性があって、一般的には**どんな人でも発信力より受信力の方が優れています**。

たとえば、小説を読んで（受信して）楽しむことは一般人にもできますが、それをゼロから生み出して発信するのは並たいていではありません。だから、受信力の方が発信力に比べて、よりベーシックで重要な能力なのです。

こう考えると、英語という言語を使いこなすには、まず英語を受信できるようになることが先であると言えます。

だから**子どもには、英語を受信する、そして、それを情報として理解する回路を身につけさせる**ことが大切なのです。

●英語の4技能はバラバラには身につかない

ところが、日本の英語教育の世界ではこの2つの能力をバラバラにして、その2つをさらに2つに分けて、「聞く・話す・読む・書く」のいわゆる「4技能」として独立してトレーニングさせようという考え方があります。

つまり、聞いたり読んだりして情報を受信する練習とは別に、書いたり話したり、その中でも特に話してみよう、というわけです。

これは別に悪いことではないのかもしれません。ですが、言語の獲得の段階としてはどのような意味があるのでしょうか。

すでに述べたように、**記号に変換するにはちゃんとしたルールに則らなければなりません**。適当に手旗を振り回してもダメなのです。でたらめに何やら落書きしても、伝えたい情報は言語という記号に正しく置き換えられません。

◉必要なのは大量の英語をインプットすること

音声言語も数ある記号の1つです。いい加減な発音や語順で、単語を日本語から英語に置き換えただけでは、それは英語の記号化のルールに則っているとは言えません。

たとえば、**日本語には母音が5つしかありませんが、英語にはその倍もの母音があります**。単純なことですが、日本語の母音の発声方法では英語の11もの母音は表現（発信）できないのです。

逆に受信に目を向けると、英語では意味が変わってしまう母音（たとえば /hat/, /

0-2 優先すべきは「発信力」よりも「受信力」

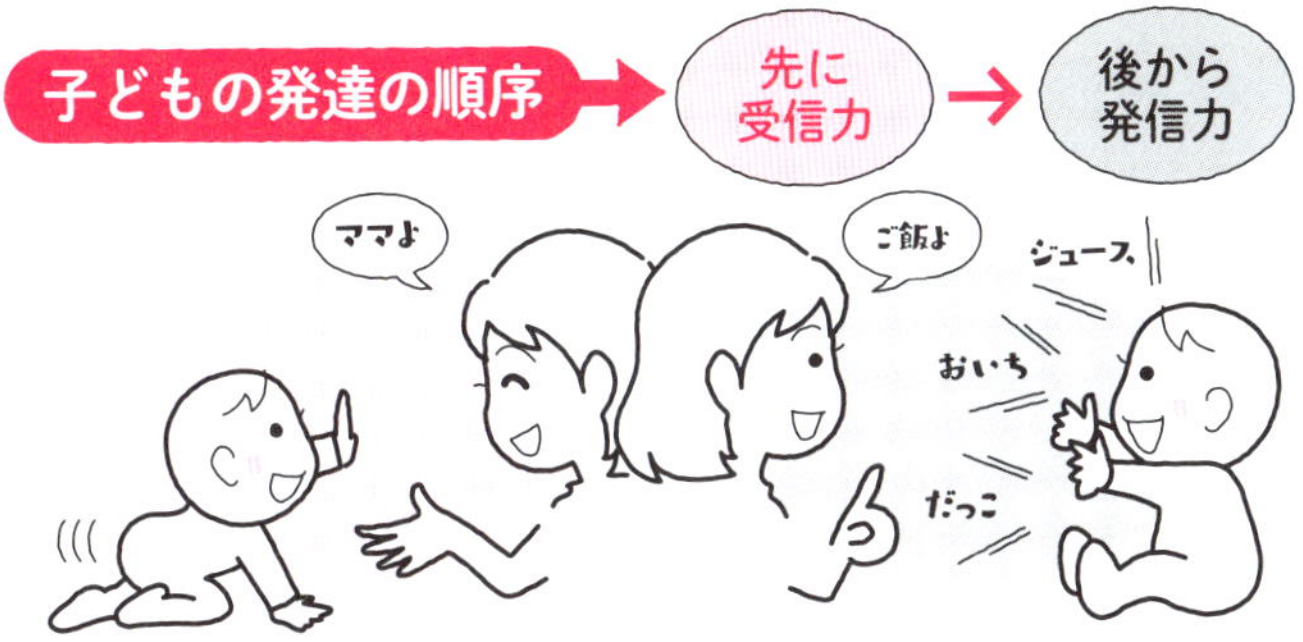

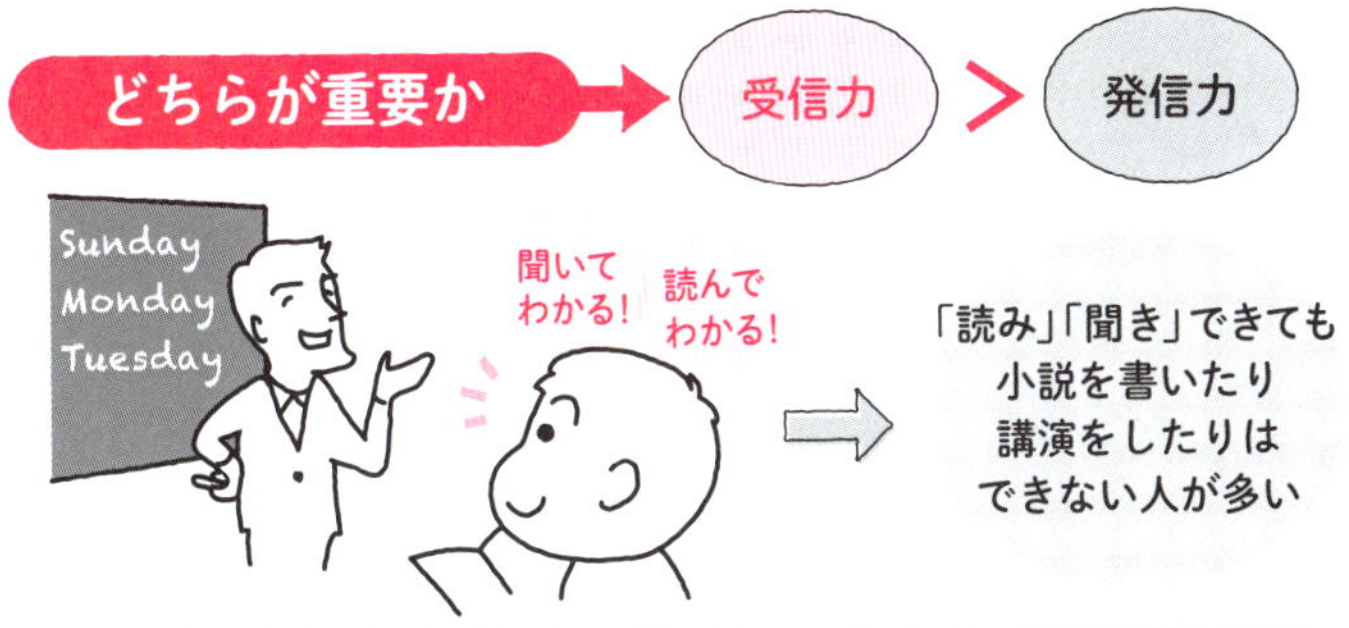

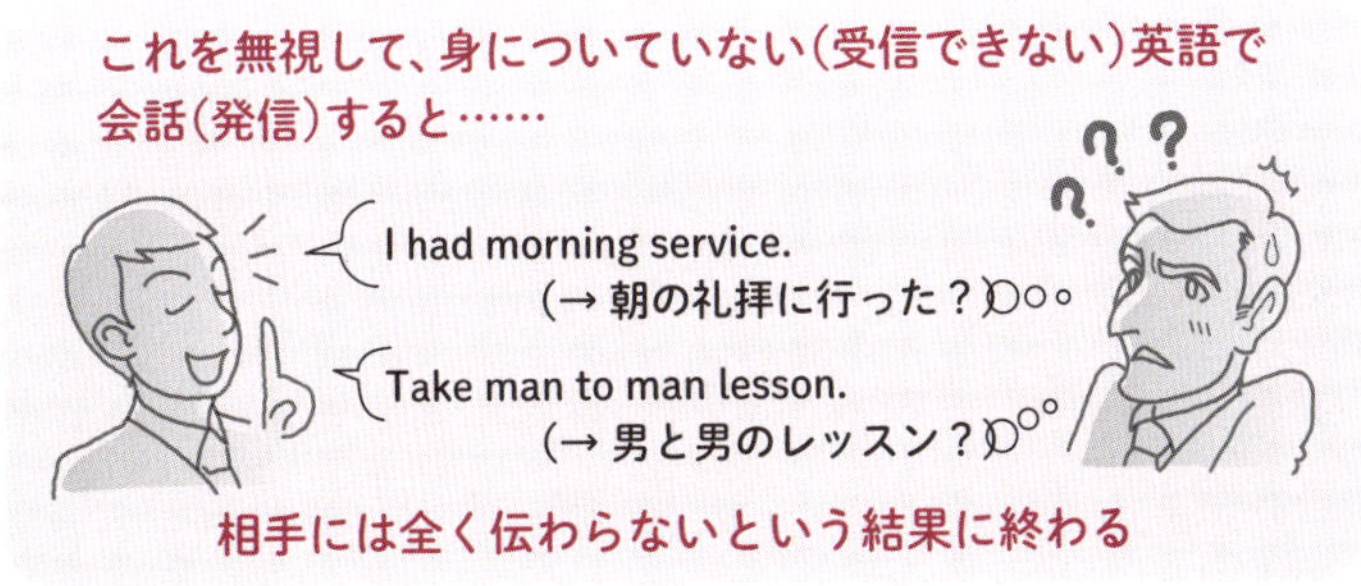

hot/, /hut/ など）も日本語の母音（「あ」）に置き換えられてしまうので、正しく英語の意味が受信できないのです。

そして、繰り返しますが、まずは受信できるようになることが順序としては先で、**正しく受信できる英語が増えてくれば、自然と正しく発信できる幅も広がります。**

そして、その受信力を育てていくのが、「インプット」です。

英語の獲得に成功している（英語圏への）留学生は、現地でホストファミリーや学生仲間、さらには教師からの〝良質な英語〟に日々さらされています。**彼らは大量の英語を耳にして、さらに大量の英文を読んでいる**のです。

これらが耳から、目からの「インプット」となって、留学生たちはあっという間に英語を身につけます。

また、日本に居ながらにして、留学することなく英語を身につけてしまう人たちも少なからず存在します（本書では彼らを「純ジャパ」と呼ぶことにします）。そんな**彼らも、人並み以上に大量に英文を読み、さらに英語のドラマを見たり英語のニュースを聞いたりして、大量の英語を耳にします。**

これらが「インプット」となって、彼らも英語を身につけるのです。

◉たった1000語で基本的な「受信」はできる

日本語を身につける幼児も同じです。**幼児たちは母親や家族の語りかけや会話を通して、大量に耳から日本語を「インプット」されるのです。**そして、こちらも、あっという間に日本語を身につけてしまいます。

ちなみに、2歳の段階での幼児たちの語彙は200とか300ほどです。その程度の語彙でたいていの日本語は理解できるのです。

英語の場合、日常的な会話で使用される英単語は1000語とも言われます。

何をもって言語を「身につけた」と定義するか、また、研究の種類や目的、さらには対象の言語によっても、そこに提示される語彙数は変わってきますが、いずれにしても、200語とか、多くても1000語程度で言語の基本的な「受信」はできるのです。

たった１０００語です。

こう考えれば留学生が極めて短期間に、そして純ジャパが留学することなく英語を身につけるのも頷けます。

他方、数千の英単語を知っている我々が、いつまで経っても英語１つ使えるようにならないという現実もあります。

これにはどんな理由があるのでしょう。

次項で見ていくことにしましょう。

2 「学習」の先に英語の「獲得」はない

◉少しだけ新しい情報を入力し続けるのがいい

言語学の世界では「学習・獲得仮説」というものがよく知られています。この仮説では、「外国語はいくら勉強しても身につかない。獲得する以外ない」と説かれます。

言語学はここ50年でずいぶんと様変わりしました。昔の言語学は、英語なり日本語なりが、どのような仕組みでできているのかの解明に終始していました。言葉の記録を分析していたわけです。その結晶が、現在の学校文法です。

ところが、**最近では言葉の構造ではなく、人間と言葉の関係へと関心が移っています**。

詳細は第2章に譲りますが、言語学の方向転換は、「なぜ幼児たちは母親から与えられる劣悪な言語環境で育つにもかかわらず、わずか2年で言葉を身につけてしまうのか」という「プラトンの問題」として知られる素朴な疑問に端を発しています（詳しくは103ページ以降参照）。

現に、赤ん坊の言語獲得の現実は驚嘆に値します。

赤ん坊が、周囲（主に母親）から受け取る言語情報は「気まぐれ」「不正確」「不完全」で、お世辞にも優れた環境とは言えません。そんな困難にもめげずに、彼らはだいたい2年という短期間で言語を身につけてしまいます。知識も豊富で思考力も優れた大人たちが10年勉強しても英語を身につけられないことを考えると、幼児の高い言語獲得能力は羨ましいばかりです。

そのように発展してきた最近の言語学では、「学習の先に獲得はない」という「学習・獲得仮説」がよく知られています。

その仮説は、

「第二言語は獲得するしかなく、学習をしても身につかない」

「既知の情報＋1の入力により獲得が進む」

「恐怖や困惑が言語獲得の妨げになる」

などいくつかの要素から成立しています。誤解を恐れずにざっくり一口に言えば、

「英語は勉強するのではなくて、
自分がわかるより少しだけ新しい情報を含む入力を
ストレスなく続ければ身につくよ」

となります。これは留学生や純ジャパなど英語獲得の成功者たちがまさに実践してきた「入力による獲得法」に通じます。

この説では「学習した内容（たとえば文法とか発音）は、学習者が実際に外国語を使用する際のモニター（正しく英作文しているかの監視役）として機能する」と定義されています。

つまり、学校英語はムダではありません。それどころか、大いに役に立つのです。ただし、それは英語という第二言語を獲得するに当たっての補助的な役割なのであって、あくまでも**獲得に必要な本質的な要素は「既知の情報＋１」の「入力」なのです。**

◉ストレスや委縮は言語獲得の妨げになる

また、「学習・獲得仮説」によれば、「恐怖や困惑」によりストレスを感じたり萎縮するなどの**「心理的ブレーキ」が大きくなれば、言語の獲得に負の影響を及ぼす**とも定義されています。

心理的ブレーキとは、簡単に言えば「イヤだな」とか「わからなくてつまらない」とか「こんなコトが何の役に立つの？」などの不安やストレスを感じてしまうことです。このような感情を持たないことが心理的ブレーキの発動を抑えることになり、学習が進むとされています。

この考えによれば、ペーパーバックの多読なども「既知の情報＋1」を超えており、**意味のわからない文を読み続けることがストレス要因となる**ので英語の獲得を阻んでいることになります。

では、どのようにすれば「既知の情報＋1」の入力を「ストレスなく」行うことができるのか。どうやら、これが英語獲得へのカギとなりそうです。

3 正しい入力と適当な質、十分な量の確保が重要

◉年齢ごとに正しい入力方法は異なる

具体的な学習の進め方に関しては第4章以降で説明しますが、この「既知の情報＋1」の入力方法は年齢によって異なります。

幼児期、小学生、中学生以降と、それぞれの年齢に適した方法で入力が行われることが必要です。まずは「正しい入力方法」の選択から始めなければなりません。

たとえば、文字を知らない幼児には、文字情報は「入力」にはなりえないでしょう。また、小さい子は論理的な思考が苦手です。幼児や小学校の低学年の子に中学生でも嫌がるような文法を教えても、ストレスがたまって、しまいには英語嫌いにもなりかねません。

正しい入力方法として、**幼児にはリスニングによる「音声情報」の入力**、他方、**中学生以降では「文字情報」による入力が必要です**。その中間に位置する小学生に関し

ては、第5章と第6章でさらに触れることにします。

●思春期以降の外国語獲得は困難か!?

正しい入力方法が決まったら、**次に適当な質と必要な量の確保が求められます**。

そのために何をどうすればいいのか、再び言語学に照らし合わせて考えてみましょう。言語学において、「外国語の獲得」に関わる仮説はいくつもありますが、まずは有名なものをいくつか見てみましょう。

古い時代の外国語獲得の仮説として「臨界期仮説」というものがあります。これによれば、思春期を過ぎると言語獲得は困難になるとされています。確かに、若いということは外国語の獲得には有利に働きます。

しかし別の「外国語の音声獲得」の研究では、学習年齢よりも「インプット」の重要性と影響が論じられています。

この研究では、アメリカへ移住したイタリア人移民の英語力の獲得について、数十年にもわたる追跡調査が行われました。結果として、概して思春期以前に渡米した方が高い英語力を身につけているのに対して、思春期以降の移民は低レベルの英語力に留まることが確認されています。

ここまでは、「臨界期仮説」と一緒です。

ところが、さらに調査を進めたところ、思春期以前の移民でも低レベルの英語に留まる例や、思春期以降のグループでも極めて高い英語力を身につけるケースがあることがわかりました。

そして、**この両者を分けた要因が「入力の質と量」と考えられたのです。**

●良質で大量のインプットが年齢のハンディを超えさせる

思春期は学齢期に当たります。つまり、毎日学校で良質の英語にさらされます。一方、年齢が高くなると働かなくてはならず、学齢期の子どものように、質の高い英語の入力は難しくなります。結果として英語力が伸び悩むと考えられたのです。

海外赴任者や留学生、あるいは純ジャパなどは臨界期を超えても英語を身につけています。**この「インプット」の考え方に則れば、英語を身につけた彼らに共通しているのはリーディングやリスニングによる大量の「入力」だった**と考えることができるでしょう。

つまり、良質で大量のインプットが実践されれば、それは英語の獲得に繋がると言えるのです。

整理すると、英語の獲得には、まずリスニングなのかリーディングなのかという、**年齢にあった正しい入力方法の選択**が必要です。

次に**入力する情報が難しすぎずやさしすぎずちょうどよい「既知の情報＋1」の質**であることが必要です。

そして、**大量かつ良質の英語の入力**が必要となるのです。

ただし、幼児期から小学生の時期にうまく英語を身につけられたとしても、Q7の「英語が消える」問題が残ります。中学受験が本格化すると英語どころではなくなります。そして、いつの間にか英語力が消えてしまうケースが多いようです。

それを避けるため重要になるのが、「読解力の育成」となります。

◉なぜ、子どもの英語獲得に「読解力の育成」が必要なのか

音の感覚に優れた幼児たちは英語の発音が得意です。

大人なら「オッケー」と発音するかも知れない「OK」を何も教えていないのに、聞

0-3 幼児・小学生の英語学習のあるべき姿

出力でなく 入力で身につける

× スピーキング
ライティング

○ リスニング
リーディング

STEP 1 リスニングで英語音声の大量入力

↓

英語を英語のままで理解する力を身につける

STEP 2 リーディングで英語の読解力を育てる

↓

英語がすらすら読めて英語のまま理解する

STEP 3 英検で習得レベルを確認

とりあえず小学校で英検準２級がゴール

↓

大学入試前までに英検準１級が可能

↓

大学入試も楽勝

いたとおりに「オウケイ［oʊˈkeɪ］」と発音したり、ˈaboutˈの最初の音を日本語の「ア」でなく英語の［ə］で発音できたりします。

もともと音声とは、実にフワフワした存在です。耳に入る音声は絶対的ではなく幅を持っています。

ˈaboutˈを例に取れば、最初の母音は日本語の「ア」よりも口を半分ほど閉じた状態で発音する「ウ」寄りの音です。

このように説明すれば「なるほどそんな場所で発音するのか」と理解もできます。しかし、幼児たちの正しい英語の発音は「勘」に頼った、はかないものなのです。

厳密に口の開け方や舌の位置を理解して発音しているのではなく、単に耳に入ってきたものを真似ているだけなのです。**仮に今日正しく発音できたからと言って、明日もそうだとは限りません**。

日本語でもそうです。子どもたちは勘で処理しています。

子どもたちはいろいろなかわいらしい間違いをします。「ごはむ」「おしゃかな」や「しゅいか（スイカ）」や「たがも（卵）」を「たび（食べ）」たりもします。

もちろん、日本語の場合には、毎日毎日接し続けるわけですから、スポーツの技術のように、自然と正しい発音が身についていきますし、そのフォームを忘れることもありません。

ただし、英語の場合には、そうはいかないのです。

もともと英語は日常的に使用する機会が少ないので、正しいフォームを身につけるのは大変です。

そのうえ、中学受験などで中断してしまえば、せっかくある程度まで身につけた英語の発音もフワフワっと消えてしまうのです。**発音が消えてしまえば英語自体も消えてなくなります**。

そんな悲しい状態を避けるのに有用なのが、読解力の育成です。**雲をつかむような曖昧な英語の音声も、文字（単語の綴り）と関連付けることで、消え去ってしまったり、他の音と置き換わることがなくなります**。

音から学び、せっかく身につけた子どもの頃の英語は、文字に置き換えるところまでの技術を身につけて、ようやく、一生消えない英語力となるのです。

◉「入力」と「読解力」で英語を定着させる

本書では子どもたちに「入力」により英語を身につけさせ、さらに「読解力」により、消えない英語を育てることを目指しています。そこで、**当面の目標として〝とりあえず〟「英検準2級」を設定し、具体的な攻略法を解説していきます。**

もちろん、なぜ「3級」ではなく「2級」でもなく「準2級」であるのかも、読み進めていくうちにご理解いただけるように構成しています。

この本のこの後の構成についてお知らせしておきましょう。

第1章では「英語を早く始めることで手に入るメリット」、第2章では「英語『超効率』勉強法のベースとなる言語獲得のメカニズムについて」、第3章では「なぜ英検準2級が子どもの英語の指標となるのか」、第4章以降では年齢別の具体的な取り組みをご紹介していきます。

第1章

英語教育を早く始めることで手に入るメリットとは

この章のSUMMARY

- 幼児の頃から英語を身につけさせることは、極めて費用対効果が高い投資である。

- グローバルな時代においてバイリンガルになることで、日々ストレスなく英語の最新情報にアクセスできる。これは、仕事上では計り知れないメリットとなる。

- 就活や入社後の昇格昇進において、英語力がますます大きな武器になっている。

- 大学入試はもちろん、中学入試でも英語ができる子が有利。その指標になるのが「英検取得」である。小学生で英検準２級を取得することで、将来への道がひらける。

1 英語を早く始めると教育費が1000万円以上も節約できる!?

◉早期の英語教育でかかる費用は本当に高いのか

さて、ここから幼児期や小学生の早い時期に英語を身につけてしまうことで得られる、計り知れないメリットを述べていきます。まず、**とても大切なお金の話**をしておきましょう。

実は、幼児期や小学生の段階で英語を身につけてしまうと、**中学から高校、そして特に大学生になったときにずいぶんと経済的負担が軽減されるのです**。

早期の英語教育には、それなりにお金がかかります。ましてや、小学生で英検の準2級やそれ以上に合格させるような〝英才教育〟だと、「とてもお金がかかるのでは？」と、ためらってしまう方もいらっしゃるでしょう。

確かに、早期の英語教育はある程度のお金がかかります。しかしながら、**多く見積もっても3、4年間で合計50万円はかかりません**。果たしてこれは高いのでしょうか？

そこで、この金額の妥当性を考える前に質問があります。読者のみなさんは今までにいくら英語につぎ込んできましたか？

中学生の時代に塾に通われた方も少なくないでしょう。すると、英語だけで30万円くらいはかかっています。高校で予備校に通われた方もいることでしょう。これもやはり数十万円単位でお金がかかっているのではないでしょうか。

大学受験まで、英語だけで軽く50万～１００万円を超える出費があるものと推測します。

一方で、得られた成果はどれくらいでしょうか。英検準1級でも合格していれば安い投資かもしれませんが、そうしたケースはまれでしょう。

塾や予備校への投資の対価として、文法やイディオムなど細々した知識は得られたかもしれませんが、「使える英語力」には手が届かないまま、消費されてしまったのではないでしょうか。

英語を身につけるなら最も確実に成果を得られるのは留学です。

高校時代に1年間交換留学すれば、ほぼ間違いなく英検準1級は軽くクリアできるほどの英語力は身につきます。

しかし、こうした留学には1年間という時間と、少なくとも200万円ほどのコストがかかります。

一方、**早期の英語教育で50万円ほどかけて、小学生のうちに英検準2級程度の英語力を身につけさせてしまえば、あとは独学、多読のみで高校生のうちに英検準1級が視野に入ります**。いかがでしょう、それでも早期の英語教育は高いのでしょうか。

●早期の英語教育は効率のいい投資である

お得なのは「英語を身につけるのにかかるコスト」の削減だけではありません。**早期に英語を身につけてしまえば、さらに「教育全般のコスト」をカットすることができます**。

この後詳しく説明しますが、英語ができると受験には圧倒的に有利です。その結果、たとえば大学の学費を子ども1人あたり2000万円から、場合によっては2000万円近くも節約できるのです。

というのは、私立大学の文系へ進むと4年間で400万円ほどの学費がかかります。これが私立の理系で修士まで進むと6年間で1200万円です。医学部だと2000万円を軽く超えます。

しかし、国公立大学なら、文系でも理系でも授業料は年間で一律50万円強（2019年現在）です。つまり、学士の4年間で200万円、修士の6年間でも300万円ほどで済むのです。

国立大学の学費の値上げの話もありますが、それでも私立とは比べるまでもなく安いことには変わりません。

特に医薬系へ進むのであれば、相当なお金持ちでない限り、国公立へ進まなければ将来家計が破綻するか、奨学金という名の借金をするか、もしくは進学を諦めるしかないのです。

早期の投資をケチって、英語に苦労する子に育ってしまえば、大学入試まで中高の6年間で、お金もさることながら、かなりの時間と労力が英語に費やされます。

すると他の教科に手が回らず、結果的に国公立は諦めて、私立へ進むことになるでしょう。

国公立に行ければ4～6年間に200万～300万円で済むところ、私立だと400万～2000万円です。差額を見ると1人あたり200万～1700万円余計にかかります。

子ども2人が私立となれば、郊外に一軒家が建つほどの余分な負担が増えるのです。

早期の英語教育への投資ほど、費用対効果の高い投資はありません。

2 英語ができると年収もキャリアもアップ！

◉英語を身につけることとキャリアアップの幸福な関係

さて、次に英語を身につける当の子どもたちのメリットを見ていきましょう。まずは将来のキャリアの話です。

終身雇用・年功序列が崩壊している現在、転職しながらのキャリアアップはもはや当たり前になっています。さまざまな研究機関が英語と年収の関係についての調査をしていますが、**英語ができるとキャリアアップに有利だという傾向は明らかです。**

英語力を採用選考の参考にしている企業は7割に上ります。単純な話、TOEICのスコアがある人とない人ではTOEIC受験者の方に、さらにTOEIC受験者同士ならば、スコアの高い方を採用する心理が働いてしまうのは無理もないでしょう。

TOEICスコアを持っている人の方が、金融、エンジニア、メディカル、クリエイ

ティブ系など、幅広いジャンルにおいて、転職率がよいという数字も出ています。大手企業が軒並み人員削減をする中、英語ができる人間の需要は高まる一方なのです。

外務省の統計によると、2011年から2016年までの5年間で海外進出する日系企業は2割に近い伸び率を示しています。アジアが中心ですが、リンガフランカ(国際的な共通語)としての英語のニーズは高まる一方で、同時に英語のできる人材は引く手あまたなのです。

●年収700万円以上で英語ができる人は5割

当然、収入アップも期待できます。

これもよく目にしますが、**転職情報誌の調査では英語ができることで年収が平均で200万円アップ**などと紹介されています。

それはそうでしょう。たとえば、IT業界のエンジニアは英語ができないと仕事にならないことも多く、システムエンジニアやプロジェクトマネージャーなどチームリーダーになるとより高い英語力は必須です。海外との連携や最新情報へのアクセスなどには英語力が不可欠だからです。

また、これらの現実を裏付けるように、年収の高い人ほど英語力があるという調査結果もあります。

とある転職サイトによれば、低所得層では英語ができる人の割合は低く、高所得層では英語のできる人の割合が高くなるそうなのです。

年収500万円未満のグループでは英語のできる人は2割強。年収500万～700万円では同じく3割。年収700万円以上のグループでは英語のできる人は5割へと比率が高くなるのです。


英語ができれば、新卒の段階でも専門職や外資系への道が開けます。

また、**日本に居ながらにして英語で発信される情報をいち早くキャッチすることができる**、情報強者にもなれます。

さらに、コミュニケーションの範囲も日本人の間に留まることがありません。広く世界で活躍できることになります。英語ができる人の方が押し並べて年収が高いのは、改めて言うまでもない事実でしょう。

◉学術研究や最新テクノロジーの情報収集に強くなれる

このようなことを書くと、「いまどきは、ビッグデータからの翻訳プログラムで言語の壁は越えられる」といった声が聞こえてきそうです。

しかし、日英バイリンガルの〝はしくれ〟として私からひと言言わせていただければ、翻訳ソフトなどは旅行では便利かも知れませんが、学術研究や最新テクノロジーの情報収集という意味では、あまり役に立ちません。

日英のバイリンガルであることの最大のメリットは、日々英語の最新情報にストレスなく接するメンタルを持っていることでしょう。

子どもの頃のわずかな投資で英語を身につけさせることで、学費を大幅に節約することができるだけではなく、将来の所得アップにも直結するのです。

次項以降は就活におけるメリットをもう少し深掘りするとともに、入試における英語のメリットにも触れていきましょう。

3 英語ができると就活で苦労知らず

◉就活は本当に売り手市場なのか!?

やれ売り手市場だ、などと騒がれている昨今の就職戦線ですが、内実は二極化していて、企業から引く手あまた、次々と内定を取る子がいれば、希望の企業からは内定をもらえず苦しんでいる学生も少なくありません。

売り手市場でも優良企業は狭き門です。

しかし、英語ができることで、その狭き門もぐっと広くなります。就活の入り口からして景色が違います。**英語ができることである程度以上の大学へ進学すれば、学歴フィルター（在籍している大学による就活生の差別）などの門前払いをされません。**

ここ数年、確かに慢性的な人手不足で求人倍率は低くなっています。就職先を選ばないのであれば、どこかに就職はできる状況が続いています。

ただ、全ての学生が、超有力企業に就職できるか、といえば、そんなはずはありません。オックスフォード・マーティンスクールの論文「コンピュータに取って代わられる47%の業種」で話題になったように、コンピュータ化のあおりで、いわゆるホワイトカラーの失職が増えています。最近は大手都市銀行も新卒採用枠を減らすなど、狭き門は今後さらに狭くなります。

俗な話ですが、そんな就活に有利に働くのが学歴です。理想は東大・京大などの旧帝大レベルですが、少なくともＭＡＲＣＨ（明治・青山学院・立教・中央・法政大学）や関関同立（関西・関西学院・同志社・立命館大学）以上であれば学歴フィルターはかかりません。就活レースには参加できるのです。

そして、**そのレベルの大学へ進学するためにも、英検なら準１級や少なくとも２級レベルは高校生の早い段階でクリアしておきたい**ものです。

◉就活で求められる「英語力の真実」

就活における足かせは学歴ばかりではありません。就職希望者にTOEICの一定のスコアを要求するなど、英語力を選考の基準にする企業も少なくありません。

私が知っているデータによると、NTTコミュニケーションズはTOEICで850点を求めています。また、NTT東日本、ファーストリテイリング、三菱電機、東京電力、ヤマト運輸など流通・通信サービスからメーカーまで業種を問わず英語力で門前払いされる可能性があります。

表立っては英語力を求めていない企業でも、蓋を開けてみたら内定者は海外経験者ばかり、などという話も現役の就活生から聞いたことがあります。

かといって、驚くほど高い英語力が求められているわけではありません。一般的に企業が新卒に求める英語力はTOEICで700点程度です。TOEICの700点は英検準1級を持っていれば、らくらくクリアできます。

もちろん、学生に「超」が付くほど人気の投資銀行や商社、外資系コンサルなどの企業は平均的にTOEIC800点とか、厳しいところでは900点以上持っていることが暗黙の了解となっています。

あまり表立って言わないまでも、企業は英語ができる人材を求めているのです。

当たり前です。このグローバル化の世の中、一定の英語力が求められる時代に、「あなたは日本語だけでよいですよ」などという企業は、逆に心配になりませんか？

●昇進昇格に一定の英語力は必要不可欠

前項で述べたように、就職した後にも英語はついて回ります。残念なことにキャリアアップを目指すなら、英語とは付き合い続けなくてはならない世の中なのです。

かつて、私がNHK文化センターで大人向けの英語講座を開講していたときに、社会人の生徒さんたちからは、

「昇進の条件にTOEICを課されているので」

「上級職の資格を取るために大学院へ戻るのですが、英語が……」

といった切実な悩みを聞かされたものです。

世の中にはいろいろな検定制度がありますが、**ザックリ言って英検準1級レベルが日本においてはあらゆるシーンで優遇されるライン**だと考えて、問題ないでしょう。企業だけでなく文科省もその流れに乗っていて、大学入試でも、さらには中学入試でも英語力が問われる時代になっているのです。

4 英語ができると大学受験も余裕でクリア

◉2020年度から大学受験の英語はどう変わる⁉

英語と大学受験とは、もはや切っても切れない関係にあり、多くの気の毒な学生たちが英語に悩まされています。高校生の半分は大学へ進学する今日、読者のみなさんのお子さんたちも、いずれ大学受験で英語の洗礼を受けることになるでしょう。

そんな大学受験ですが、**センター試験の時代から英検準１級を持っていれば、英語は「みなし満点」などの優遇措置が設けられていました。**準１級で「もう英語はＯＫですね」と判断されていたわけです。

「大学入学者選抜制度改革」で「大学入試センター試験」が２０１９年度の開催を最後に「大学入学共通テスト」へと変わります。それに伴い、入試の内容はずいぶん変わるようです。

それでも英語ができることが、大学受験に有利であることは変わりません。それどころか、英語が得意な子にはますます有利になると思われます。

詳細は避けますが、大学受験全般における大きな改革のポイントは、従来の「知識・技能」だけでなく「思考力・判断力・表現力」も評価されるようになる点です。

これは英語の試験にも大きな変化をもたらします。

現在の学習指導要領を見ると、英語での「思考力」や「判断力」を育てるために**「ライティング」と「スピーキング」が加わった形になっています**。そして大学入試改革もその流れに沿っているのです。

この変化は受験生にとって何を意味するのでしょうか。

国公立大を目指す学生にとっては、この変化は一大事です。理由は簡単です。文科省の英語力調査で明らかにされていますが、**高校生は概してリーディング・リスニングよりも、ライティング・スピーキングが苦手です**。

「大学入学共通テスト」の筆記と口述試験にどこまで彼らが耐えられるのか。想像すると少々残酷な感じがします。

◉私立大学で定着している英検保持者の「優遇制度」

今の高校生の英語力の実態をみると、英検準1級以上の保持者は0・2%です。英検2級ですら5%足らずで、準2級でようやく15%ほどです。

満足に英語を使いこなせるのは英検で準1級程度と言われますが、その持ち主は、高校生全体の500人に1人しかいないのです。

少し大目に見て、2級まで範囲を広げてもわずか20人に1人です。

繰り返しになりますが、ただでさえ英語が苦手なのに、そこにスピーキングとライティングが要求されるのですから、たまったものではありません。

ところで、「大学入試共通テスト」への変更によって、従来よりもリスニングの配点が高くなりますが、私立大学受験者全体からみると、影響は限定的です。私立大ではAO・推薦枠での入学が半数を超えており、そこを目指す学生にとっては「大学入学共通テスト」へのシフトは大きな影響はありません。

私立大学ではすでに英検保持者への優遇制度が定着しています。保持している英検の級によって、英語試験の免除や、選抜試験での加点措置、また、入学後の単位認定などの優遇措置があります。

英検を持っていると大学受験には得なことばかりです。

少し気になる点があるとすれば、「大学入試英語成績提供システム」でしょう。調整不足のため先送りにされるなど、問題をはらんだ仕組みです。

ただ、すでに述べたようにAO・推薦組にはあまり関係がありません。また、これもすでに述べたように、一般入試においても、英検をはじめとした外部検定試験の入試への優遇措置はとられていますし、今後の大学入試制度では、外部試験の比重は増すことはあっても排除されることは考えにくいので、この点も心配は無用でしょう。

少なくとも英検2級、願わくば英検準1級を早い段階で取得しておくことは、大学入試制度がいかように変化しても、計り知れないメリットをもたらすことは間違いないのです。

5 英語ができると中学・高校受験にも有利

◉中学入試に「英語」を導入する学校が急増中

英検は高校受験でも優遇されますが、最近では中学受験にも有利に働くようになっています。

中学受験にも英語。これは重大なパラダイムシフトです。

２０１９年度の中学受験において、首都圏では「英語入試（選択式を含む）」を実施した学校が１２０校に急増しました。首都圏に中学校は３００校程度なので、なんと**４割の中学校ですでに何らかの英語入試を実施している**というのです。

報道によれば、わずか5年前の２０１４年には15校でしか英語入試は行われていなかったので、文字通り急増したことになります。

小学校での英語の教科化は２０２０年度からの実施なので、本書を執筆している

2019年秋時点の小学校英語は成績評価対象ではありません。それにもかかわらず**入試科目で英語を選択できるような措置が早くも取られている**のです。

もちろん中学受験における英語は必須ではなく選択科目です。

国算社理の試験が一般的で、学校によっては、国算英から2科目の選択だったり、帰国子女枠で英語の試験成績と面接だけの選抜だったり、また英検を持っていることで試験結果に加算するなど、選考のあり方はさまざまです。

ここ数年、新宿にある私どもの教室にも都内の中学校から「英語受験」のお誘いの案内が届きます。帰国子女枠やグローバル人材育成などの特別枠での受験者を募っているので、「おたくの生徒さんにもご案内くださいね」ということなのでしょう。

英語の教科化の前にこのような動きがあることは、フライング気味の印象は拭えませんが、中学校の立場になってみれば、この傾向には素直にうなずけます。

中高一貫校の出口は大学入学です。中高一貫校は、小学校の段階から「うちの子は大学へ」それも「よりよい大学へ」と考える親が、我が子に少しでも優れた環境で安心して勉強させるための選択肢の1つと位置づけられています。

一貫校の側から見ても同じです。高校受験を飛ばして大学受験を目指せるというアドバンテージがあるわけですから、そのことが直接大学合格実績となって返ってきますし、それによりさらにレベルの高い学生が集まってくるという好循環に入れます。

そのせいか、近年では都立の一貫校も高校からの受け入れを中止する流れが加速しています。

しかし、**中高一貫校とて学習指導要領に沿った授業が求められます。つまり従来型のなかなか成果の上がらない英語の勉強法から大きくは逸脱できない**のです。

当然、英語の点数を伸ばすことは困難な状態が続きます。大学受験の英語で苦労する点は一貫校であれ同じなのです。

◉なぜ中高一貫校は英語ができる子を欲しがるのか

そんな学校側からすれば、小学生のときから英語ができる子たちはのどから手が出るほど欲しい存在です。英語ができる子たちは、中学・高校の6年間にわたり英語に注がれる時間をその他の教科に割くことができるのです。

結果として、東大・京大などの旧帝大進学への道が開かれます。旧帝大が無理でも、英語力を重視するＭＡＲＣＨや関関同立以上の難関私立大学を滑り止めにできるのです。

こんなことがありました。うちの教室に通うある小学生は英検２級以上の英語力を持っていました。しかし、当時英語で中学受験はできず、残念ながら志望校には落ちてしまいました。

ところが、後日その学校から、**入試では不合格だったものの英検２級を持っていることを考慮して、「もしよろしければ入学しませんか」とのお誘いがあった**のです。

一貫校が英語ができる子を優遇する現実は、こんな身近なところにも見られたのです。もちろん、英検５級や４級でもよいのですが、**英語入試での加点や帰国子女枠入試に耐えうるには、通常準２級から２級が必要です。**

今後、小学校の英語の教科化以降には中学入試での英語の選択肢はますます一般的になるでしょう。

6 英語ができれば年収1000万円未満の家庭でも東大進学が狙える

●親の学歴と関係なく超優秀な子は育てられる

私は講演会などに登壇する際に、「今日の話はご自身のことを『棚に上げて』聞いてください」と冒頭で聴衆のみなさんに話しかけることがあります。

本書でもここまで触れてきたような、年収や学歴などのシビアな話をすると、「うちには無理」とか「私には学歴がないから」とか感じてしまう方もいらっしゃるのです。「蛙の子は蛙」というわけです。

もちろん、蛙の子は蛙にしか育たないのは当たり前で、人間の子も遺伝子的に人間にしか育ちません。ただし、能力は別です。**ジャンプ力は環境次第。子どもの能力を伸ばすのも伸ばさないのも全ては親次第です**。

学者の子どもは書籍に囲まれた環境で、本を読む親の背中を見て育ちます。また、学問をする親が作り出す家庭内の会話は、一般的な家庭で行われるものより正確で厳密になるでしょう。結果として深い思考ができる子に育つ可能性は高まります。

しかし、高い能力を有する子に育てるのに、親の学歴や能力は関係ありません。親の心がけ次第で親よりはるかに高い能力を身につけさせられるのです。

スポーツ選手を見れば明らかです。

もちろんサラブレッドもいます。しかし、親が野球やサッカーの選手でなくても、我が子をプロやオリンピック選手に育てているご家庭は無数にあるわけです。スケートでもスキーでも、テニスでも水泳でもそうです。**親の思いと子の思いが一致し、親が環境を整備できれば、親の能力とは無関係に子は伸びるのです。**

どんな優れた親のもとに育っても、子育てを放っておけば「不肖の息子（娘）」になるわけですし、逆に平凡な親でもしっかりと育てれば「鳶《とんび》が鷹を生む」わけです。

◉教育の先送りは将来的に損をする

東大生の家庭の年収調査では、東大へ進学させた家庭の半数が年収1000万円以上だったそうです。お金持ちの家庭の方が結果として国立大へ進み、大幅に学費を節約できていることは皮肉です。

しかし、問題はこれを聞いて「やはりお金持ちじゃないと東大へ行かせられないのか」と諦めてしまうことです。

東大生の家庭の半数で年収が1000万円以上ということは、**残りの半分は1000万円未満の年収で我が子を東大へ送り出しているの**です。この現実に目を向けなくてはいけません。

バブル崩壊以降減少傾向だった平均世帯年収はここ10年ほど持ち直していて500万円台半ばになっています。児童がいる家庭では平均で740万円ほどです。

1000万円には満たないものの、そこはうまくやりくりすれば、十分に子どもを国公立大学へ進学させることができるでしょう。要は親の考え方次第なのです。

やり方を間違えてはいけません。教育の先送りは、コスト増大を招きます。繰り返し述べているように、**国公立への道を開くのは英語力です**。中学・高校で英語で苦労させてしまえば、結果として私立文系に落ち着きます。

ちなみに、私立文系が悪いと言っているわけではありません。かく言う私も私立文系出身です。ただ、それが「英語ができないことによる」消極的な選択肢であったのならば、悲しいのです。

そして、下手をすると行きたい学部への進学、行きたい大学への進学をあきらめ、その上に奨学金まで抱え込む結果となったりするのです。

子どもの教育は親の「専権事項」です。とくに幼児期や小学生の低学年のうちには、子どもには自分が受けるべき教育を選ぶ判断力がありません。親が判断してやるしかないのです。気まぐれな子どもの言うことよりも、親の信念を貫く方が正しい判断であることは間違いないでしょう。

7 親が子どもに用意する「子育ての2つのプラン」とは

◉多くの子どもは成長の過程で「夢」を手放す

かなり生々しい話が続いたので、ここで少し英語から距離を置いて、子育てを俯瞰してみたいと思います。

私が思うには、**子育てには「プランA」と「プランB」、そして「ノープラン」があります**。

まずプランAから説明しましょう。

プランAはいわば「夢」です。小学生の「将来なりたい職業」ランキングになんとユーチューバーがランクインしたなどと話題になりましたが、男子ではやはりサッカー選手や野球選手が常に上位を占めています。

男子の無邪気さに対して、他方の女子は現実的です。看護師、パティシェ、保育士、薬剤師、美容師などが並ぶのを眺めていて、「さすが女子はしっかりしているなぁ」と感心してしまいます。

それはさておき、将来の「夢」、これがプランAです。科学者でも宇宙飛行士でも医師でもスポーツ選手でも、寿司職人でもなんでも構いません。夢を持てれば、それがプランAなのです。親子揃ってその夢の実現に向けて進むことができれば、それは最高の子育てでしょう。

しかし、「夢」を持てない子たちもいます。というより、先のサッカーや野球の選手というのは「本当になりたい職業なのか?」と問われれば、「いや、それほどでも」というのが子どもたちの本音かも知れません。

特に女子ではランキングがコロコロ入れ替わります。現実的な思考の一方で、その時々の気分や親の見ているドラマの影響で答えているのかも知れません。

男女を問わず、小学生では10年も先のことなど想像できないのが普通でしょう。

そして、成長の過程のどこか、中学から高校生になる頃には「夢」、つまりプランAのことなどすっかり抜け落ちてしまうのです。そのままいくとノープランになってしまいます。

◉「地頭のいい何でもできる子」は英語教育から生み出させれる

私は、そのノープランを避けるために人生の「保険」用のプランBを、事あるごとにお勧めしています。

「夢」のリストを見れば一目瞭然ですが、ビジネスパーソンとか事務員など、いわゆるサラリーマンは入っていません。全て専門職であることがわかります。つまりプランAは数あるジャンルのSpecialistなのです。

他方、みなさんにお勧めする**プランBはGeneralistです。特に専門性はないけれども、何でもできてしまう人に育てる**ことです。知識も豊富で知恵もあり、分析能力と問題解決能力に優れている人材に育てること、それをプランBと呼んでいます。

プランBとは一口に言えば「地頭のいい人間に育てる」ことです。具体的には「東大や京大など旧帝大レベルの大学（あるいはそれに準ずる難関大学）へ進学できる程度の頭脳を持たせましょうね」というのがプランBです。

こんなことを書くと「学歴至上主義者」のレッテルを貼られそうですが、そうではありません。プランBはあくまでも「保険」です。

質のよい頭脳を持たせておけば、仮に中学の段階で「宇宙飛行士になりたい」とか高校の段階で「物理学者になりたい」とか大学で「投資銀行へ行きたい」などなど、**自分なりのプランAが見つかったときに、その「夢」に手が届くのです。**

繰り返しますが、プランBはあくまでも「保険」です。

ただ、これほど優れた「保険」はないでしょう。プランBでは、人生でやりたいことが見つからなくても、入試はらくらくクリア、就活では引く手あまた、年収も高く、転職や起業にも有利です。

人生において何をするにも足を引っ張られるのは、自分の頭脳のスペックです。

そのスペックを高めるために、地頭のよい子に育てておけばよいのです。そして、**英語ができることが、プランBへの第一歩なのです。**

8 小学生で英検準2級を当面のゴールに

◉「小学生の間に英検準2級」を目標とする理由

さて、そのプランB実現のため、中学から始まる受験で優位に立つには、具体的にどのような英語力を身につければよいのでしょう。

一口に言ってしまえば、**「プロローグ」で簡単に触れた「小学生で英検準2級」です。**

英検の3級レベルでは心許ないのですが、準2級以上になるとその先の英語力が見えてきます。**2級をクリアすれば「高校レベル」では優秀な部類ですし、その先の準1級をクリアすれば、非の打ちどころがありません。**

その入り口が準2級なのです。

目の前の我が子から考える、手前からの発想ではなく、子どもの未来から逆算すると次のようなります。

ひとまず、大学入学で優遇される英語力の獲得をゴールとすれば、高3の受験の段階、AO入試を考えれば高3の春に英検準1級を持っていればOKです。

ただしすでに述べたように、職業の選択肢の幅や学費の問題を考えれば、特に理系を目指すのであれば、(超)難関大、さらに国公立は外したくないところです。

すると、**高3まで英語にかかりっきりでは他の科目がおろそかになってしまいます。**少なくとも高校の最後の2年間は自分の専門とする教科・科目に専念できる環境にいなくてはいけません。すると、**高校1年生までの準1級の取得が求められます。**

中学校からの従来の英語学習の本格スタートでは、高1で英検3級レベルが、いわゆる「上の部類」です。現に中3での英検3級取得率は2割程度に留まります。つまり中学からの英語のスタートではよほど優秀な人でもない限り、「高1までに準1級」はクリアできません。

しかし、**小学校で準2級を取っていれば、中学で相当サボらない限り2級や準1級は狙えます。**キーワードは「準2級」です。それも願わくば小学生のうちにです。このあたりがプランBのスタートラインと言ってもよいでしょう。

1-1 地頭のいい子に育てるため

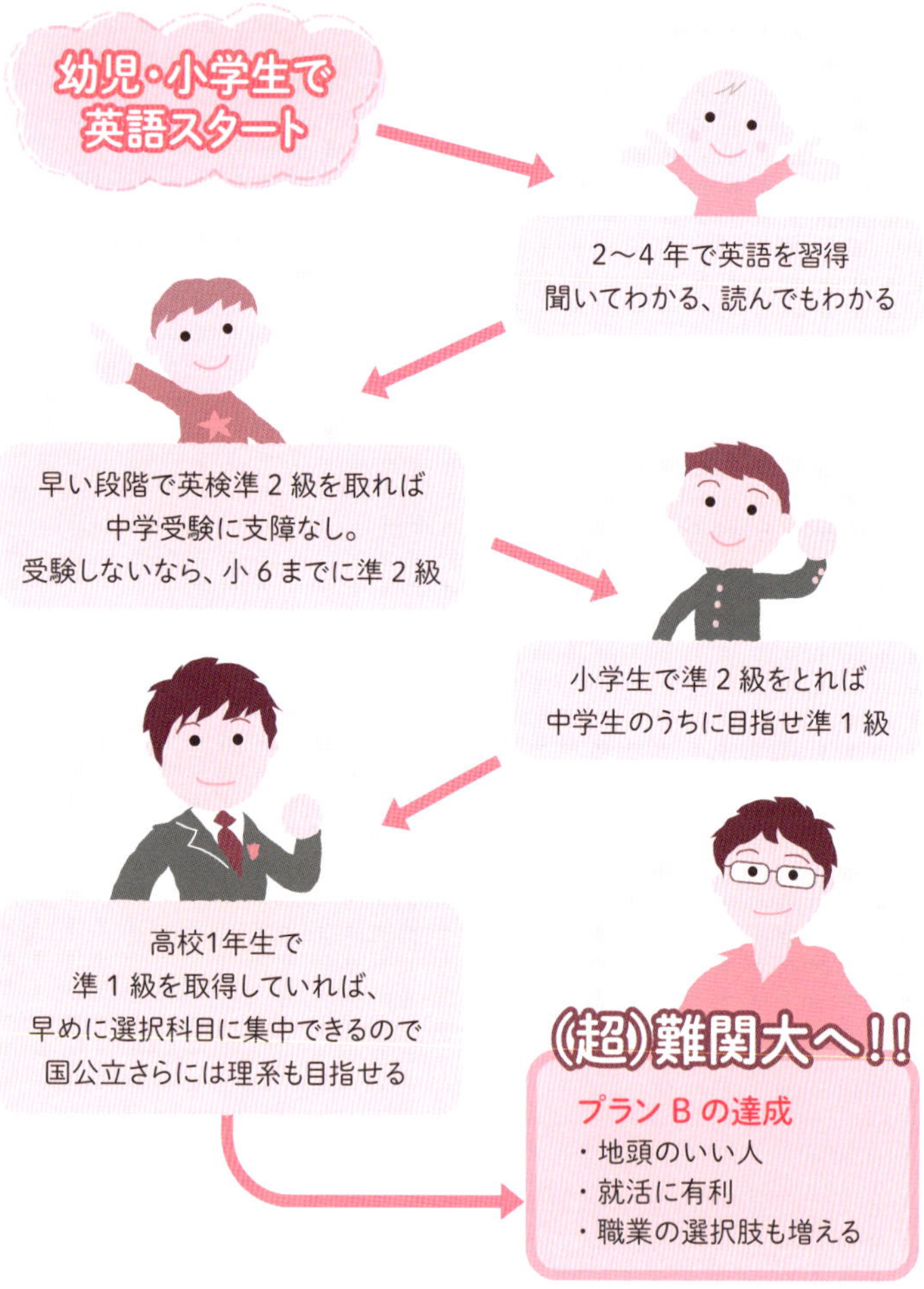
幼児・小学生で
英語スタート
2〜4 年で英語を習得
聞いてわかる、読んでもわかる
早い段階で英検準 2 級を取れば
中学受験に支障なし。
受験しないなら、小 6 までに準 2 級
小学生で準 2 級をとれば
中学生のうちに目指せ準 1 級
高校1年生で
準 1 級を取得していれば、
早めに選択科目に集中できるので
国公立さらには理系も目指せる
(超)難関大へ!!
プラン B の達成
・地頭のいい人
・就活に有利
・職業の選択肢も増える

◉英検3級と準2級の間には「高い壁」がある

しかし、さらにもう1つ問題があります。本書を読まれる親御さんの中には、お子さんに中学受験を考えているご家庭も少なくないと思います。

すでに書いたように、中学受験にも英語が有利に働く時代ですが、名門校を目指すのであれば、やはりオーソドックスな国算社理の力が必要です。

そして、そのための受験勉強にかかる時間を勘案すると、**中学受験が本格化する前の、小3くらいまでに準2級を取得しているのが理想的なのです。**

英検3級ではなく準2級という考え方には、もう1つ大きな理由があります。英検の3級と準2級の間には英語力の高い壁があるのです。

英検準2級はまぐれでは合格できません。

しかし、英検の5級から4級は、正直言ってリスニングができて、プラスして若干読めれば、まぐれで受かることもあります。

また、3級の英作文は英作文と呼べるほどのレベルではありません。3級なら5級や4級と同様に、リスニングとある程度しっかりとした読解力があれば、合格できてしまいます。

つまり、3級までは、早い段階から英語をスタートしておいてリスニングで点が取れれば、ある程度の読解力でも若者コトバで言うところの「ワンチャン」合格できる可能性があるのです。

しかし、**これが準2級となるとリスニングが強いだけでは合格できません**。リスニングで満点を取ったとしても、さらに筆記で半分以上得点する力が求められます。

さらに、3級までの長文問題では、文中にそのまま答えが書いてあったりしますが、**準2級では文中にそのまま答えがあることは少なく、文章全体をしっかり把握しなければ、正解にたどり着けない**ような構成になっています。

以上の点から、「ラッキー」でも合格できる3級ではなく、「実力勝負」の準2級の取得を目指す必要があるのです。

第2章

子どもの英語「超効率」勉強法・基本編

この章の SUMMARY

- 英語を「使えるレベル」として身につけるなら、いったん日本語に訳す「間接法」ではなく、英語を入力してそのまま理解し出力する「直接法」を取り入れたい。

- 「直接法」のカギとなるのが「入力」。大量の入力によって耳にした音声を単語単位に切り出し、聞き取って理解する回路を作ることが、英語を身につける第一歩となる。

- ただし、日本語の発達やローマ字学習が英語獲得の邪魔になることなどから、入力の方法は子どもの年齢によって変えるべき。

- 言語は正しい入力で身につくもの。英語が「楽しい」とか「好き」とかは関係がない。

1 英語を身につけた人は「直接法」を選んでいる

◉なぜ私たちは英語を身につけられなかったのか⁉

私たちの多くは学校や塾で最低6年間、大学まで進学すると教養課程まで、第一外国語として8年間にわたり英語を勉強しています。**これは時間にすると少なくとも1000時間とか、多ければ2000時間にもなります。**

ところで、1つの言語を身につけるのに一体どれほどの時間がかかるのでしょうか。詳細は省きますが、赤ん坊が母語を身につけるのにかかるのがだいたい1000時間です。冒頭で触れた留学生が英語を身につけるのにも、だいたい1000時間が必要です。

高校までで1000時間、大学も含め2000時間も英語を勉強しているのですから、そろそろ英語を身につけられても良さそうですが、現実はそうではありません。

半数の高校生が大学へ進学する今日に至っても、**日本人の英語力は過去30年来アジアで最下位であること**は変わりません。

なぜでしょうか？

それは、使えるレベルの英語を身につける「獲得法」を、学校では指導してくれないからです。

学校や塾、予備校での英語の授業は文法教育と英単語の学習のセットで行われてきました。これらを学習することで、英語を日本語に訳して理解できるようになるという発想です。

英語を「自分の外のもの」として、外から学ぶわけです。

英文を分解したり日本語に訳したりすることから、**これを「間接法」と私は呼んでいますが、この伝統的な学習法では英語は身につかない**ので、困ったものです。

そこで、英会話など体験型英語学習へと多くの人が流れるのですが、なんと最近では学校教育もこの方向に舵を取りつつあります。

小学校の英語では文法などは扱わずに、ＡＬＴ（言語補助教員）たちが英語を日本語に訳さず、英語のまま教えることが一般的に行われています。

また、中学・高校の英語の授業も原則的に英語で行われるなど、**文法・対訳式ばかりではなく、CLIL（内容言語統合型学習）という考え方を広げて、英語の直感的な使用を盛んに取り入れる**ようになっています。

◉英語を獲得した人に共通する「直接法」とは

これらの学習法では、英語を日本語に訳すことなく使います。'Hello' は「こんにちは」ではなく 'Hello' のまま、'dog' も「犬」ではなく 'dog' と英語のまま使用しながら身につけていこう、という考え方です。

留学生や帰国子女のように、「英語漬け」にすることで獲得を促すことから、私はこれを「直接法」と呼んでいます。そして、直接法こそが英語の獲得を促す「入力」を可能にする方法なのです。

言い換えれば、**英語を身につけられない人は「間接法で学習」していて、英語を身につけた人は必ず、「直接法で獲得」している**のです。

2-1 英語習得の「直接法」と「間接法」の違いとは

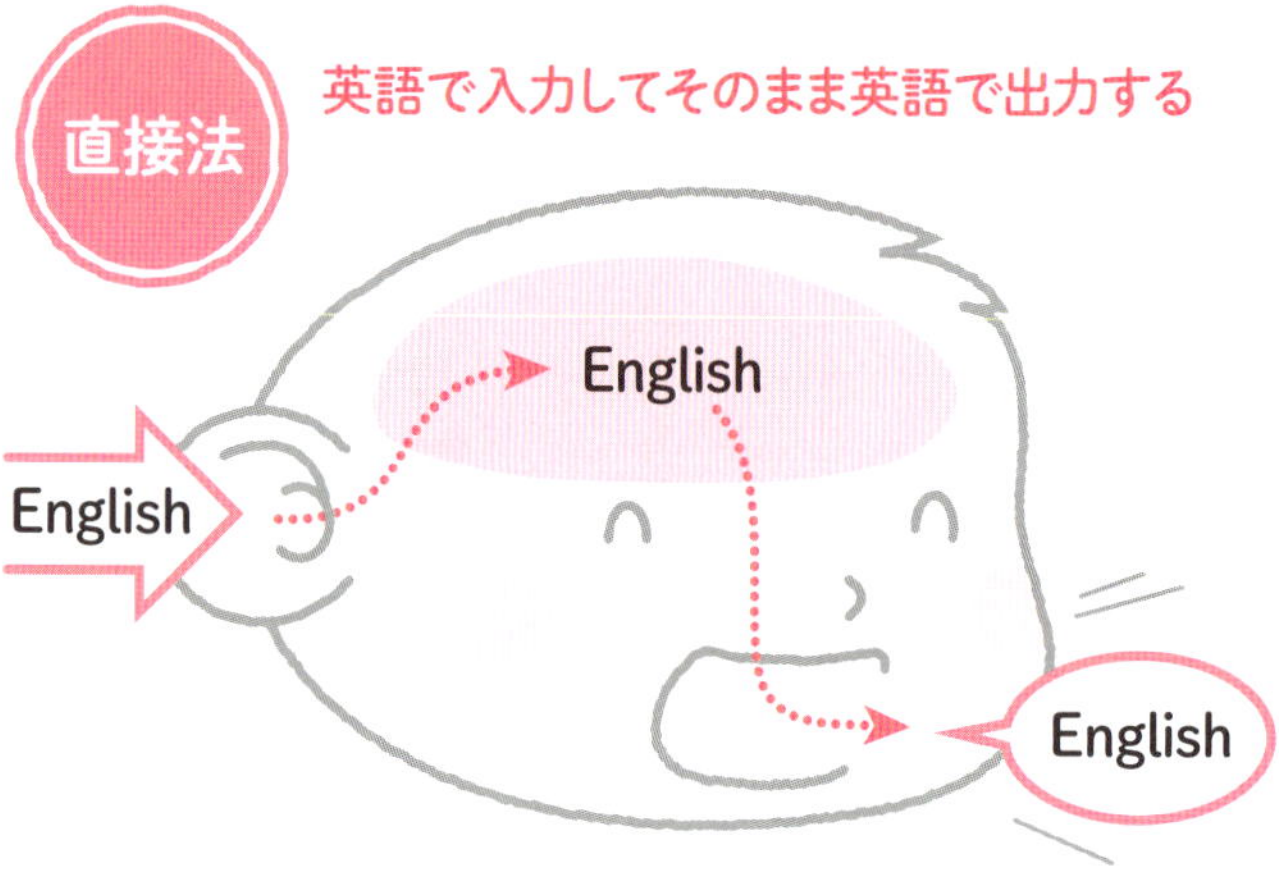

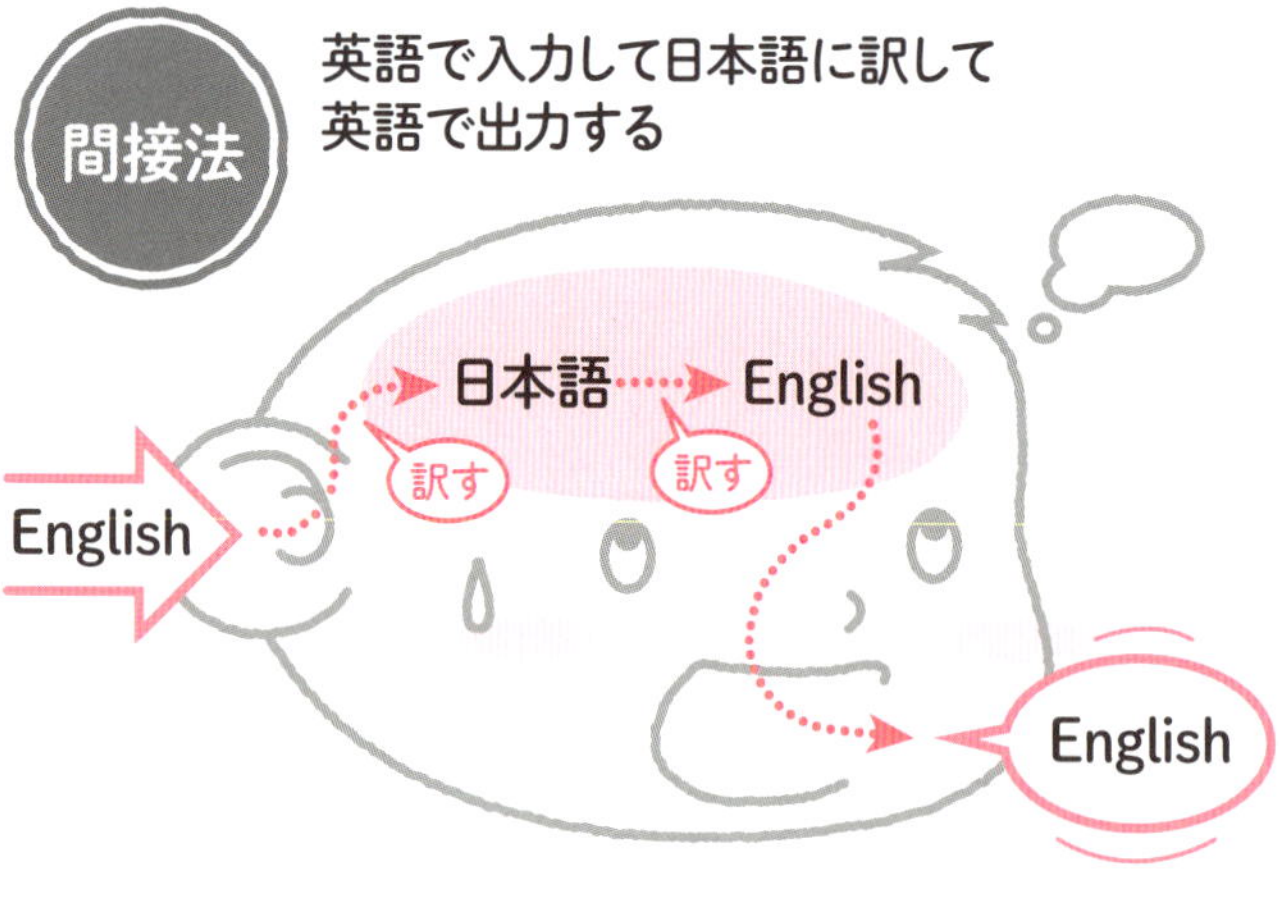

帰国子女は親の都合で英語だらけの環境に放り込まれ、現地の子たちと席を並べて「英語を勉強する」のではなく、**「英語で勉強する」ことにより、英語を身につけます。**

ホームステイする留学生の場合にはそれ以上に過酷です。彼らは外国人のホストファミリーと寝食をともにし、四六時中英語漬けになります。**英語漬けになることが「入力」となり「直接法」で英語を「獲得」する**わけです。

また純ジャパたちも環境は違えどもリスニングやリーディングで「英語漬け」になり、つまり**英語を「入力」することで「直接法」を実践している**のです。

「間接法」から抜け出して「直接法」に切り替えることが、英語獲得の第一歩です。

2 黄金期は幼児期、このタイミングを逃さないで！

◉幼児にあって大人にない「言語獲得能力」とは⁉

手っとり早い「直接法」の代表格は留学です。なかでも、他に日本人がいないホームステイがベストです。しかし、まさか社会人や家庭人が仕事や家族を放り出して「では、行ってきます。後はよろしく」というわけにはいきません。

また、社会人でなくとも、高校の交換留学も、大学での留学も、かなりの覚悟がいるので、手軽にできる取り組みとは言えません。

もちろん、純ジャパなどの例外もありますが、残念ながら**「直接法」の英語獲得は中学生以上、あるいは大人になるとかなり難しい**のです。

ところが、**幼児期となるとこれは話が別です。いとも簡単に直接法が実践できる**のです。

幼児期に英語の学習を進めるメリットは大きく分けて2つあります。1つは時間がたっぷりあるので**「直接法」が大人と比べてはるかに実践しやすい**点で、もう1つには、**幼児は大人には見られないような優れた「言語獲得能力」を持っている**点です。

一番目については説明するまでもありませんので、二番目の「言語獲得能力」について見ていきましょう。

幼児の言語獲得能力には目を見張るものがあります。これは学者の間では「プラトンの問題」として語られます。

①幼児は親から与えられる乏しい言語環境下（家庭内の会話はお世辞にも高尚とはいえません）において、

②文法的な指摘や指導を受けることもなく、

③わずか2年ほどで母語を身につけてしまいます。

④しかも、個人の能力には関係なく、ほぼ100％の確率で誰でも身につけます。

⑤さらに不思議なのは、家庭環境が異なるのに、身につける母語はみな同じレベル（もちろん語彙は異なるが、基本的な聴解力という点においては同じ）だという点です。

このように言われると、「なるほど」と頷いてしまうかも知れませんが、これは常識の範疇で、専門家でない私たちも直感的に幼児の言語能力の高さは知っています。学者の間では幼児が、大人が到底敵《かな》わないような高い言語獲得能力を持っていることが語られますが、そんなことは当たり前すぎて、育児中の意識（たとえば「うちの子は日本語を身につけられるかしら」と心配すること）にすら上がってこないのです。

そんな**世間の常識は、幼児期から英語教育を実践するたくさんの親の存在に現れています**。近年進む小学校での英語の教科化やスタートの低学年化などが、もちろん学者の意見も取り入れながら、比較的スムーズに受け入れられるもそのためでしょう。

●年齢に合った「適当な量と十分な質」の入力を確保する

このようにして小学校に総合的学習の一環として英語が導入されて20年、現在のアラサー世代以降は義務教育で小学校英語の洗礼を受けてきたわけです。

しかし、結果はすでに述べたとおりです。「英語力調査」の最新の数字を見ても、「小学校英語で日本人の英語力が向上した」とはいえません。

前項で触れたように、学校英語は「間接法」から、より実践的で効果の期待できる「直接法」へと舵を切りつつあり、スタート年齢も「言語獲得能力」のより高い低年齢へと向かっています。

つまり、効果の見込める「直接法」を「学年前倒し」で取り入れているのに、なぜ成果が上がらないのでしょう。

その原因として考えられるのは、**1つに英語の「入力」がその①「方法」と、②「質」、並びに③「量」において、満足するレベルに至っていない**ことです。これに関しては以降の章で見ていきます。そして、**もう1つは、スタートの年齢が絶対的に高すぎる**点でしょう。

中学生よりは小学生、そして小学生でも中・高学年よりは低学年、可能であれば幼児のうちが英語の獲得には適しているのです。可能な限り早いスタートが必要です。

幼児は「プラトンの問題」にもあるように、いともカンタンにことばを身につけてしまう高い能力を持っています。この点だけを見ても、**外国語獲得を早期に開始するメリットは計り知れないのです。**

3 出力ではなく入力から英語を身につける

◉「直接法」のカギはリスニングとリーディング

「直接法」で英語は身につけられる。そして、その「直接法」が最も楽に実行できるのが、時間がたっぷりあって、さらに言語に対してとても高い獲得能力を発揮する幼児期です。

では、**具体的にどのように「直接法」を実行すればよいのでしょうか**。

繰り返しますが**カギは「入力」です。つまり、リスニングとリーディングです**。

日本では入力と出力を組み合わせて英語を学習することが推奨されていますが、幼児の言語獲得はそうではありません。まず入力で言葉を理解できるようになり、その後に出力があります。日本語（母語）の場合を見てみましょう。

幼児は、まず耳にした日本語の音声を意味のある単語に切り出します。その後、日本語のシンタクス*に照らし合わせて、意味を理解します。

*シンタクスとは文法のようなものですが、学校で習う文法ではなく無意識の文法知識です。我々が日本語を話すときに文法を意識しなくても正しい日本語を話せるのは、日本語のシンタクスを持っているからです。シンタクスの解説に関しては本書の範疇を超えているので専門書をご参照ください。

次に目からの理解が始まります。言語の本質は音声ですが、人類の歴史をひも解くと、あるときから記録のために文字が使われるようになりました。**文字を読むということは、音声から文字に置き換えられたものを再び音声に置き換える**ということです。もちろんどちらの回路がよく使われるかは、子どもの成長や環境によります。しかし、リスニングとリーディングは2つの独立した技術というよりは、**リスニングが主で、リーディングは補助的な存在**と考えてよいでしょう。

◉幼児は耳から入った音声を単語単位に切り出す

幼児たちはまず、生後半年くらいで耳に入った音声、母親なり家族の発する日本語を意味のある単語単位に切り出す（「分節」）能力を身につけます。

これはスゴいことなのです。人間は未知の外国語を耳にしたとき、連続した音声の中から単語を発見できません。単語が発見できなければ理解の糸口すらつかめず、それゆえ外国語は理解できないのです。それを幼児は半年（から10か月）でクリアします。

その後、赤ん坊は2歳くらいにかけて、日本語の語の並び方のシンタクスや活用などの情報を含むレキシコンと呼ばれる語彙を身につけます。これでようやく日本語のリスニング回路（聞き取って理解する）のでき上がりとなるわけです。

その後、3～4歳で、今度は日本語のリーディングの回路（読んで理解する）を身につけて、2つの入力の回路ができ上がることになります。

もちろん、同時に日本語を口にしたりもしますが、**まずは聞き取れて理解できるところから言語獲得はスタートする**のです。

言語理解の入力回路が先にできて、その後時期は被りながら出力回路が育ちます。**幼児は、出力することで日本語を身につけるのではなく、あくまでも入力によって日本語を身につけている**のです。

2-2 英語を獲得するなら「入力から理解、そして出力」

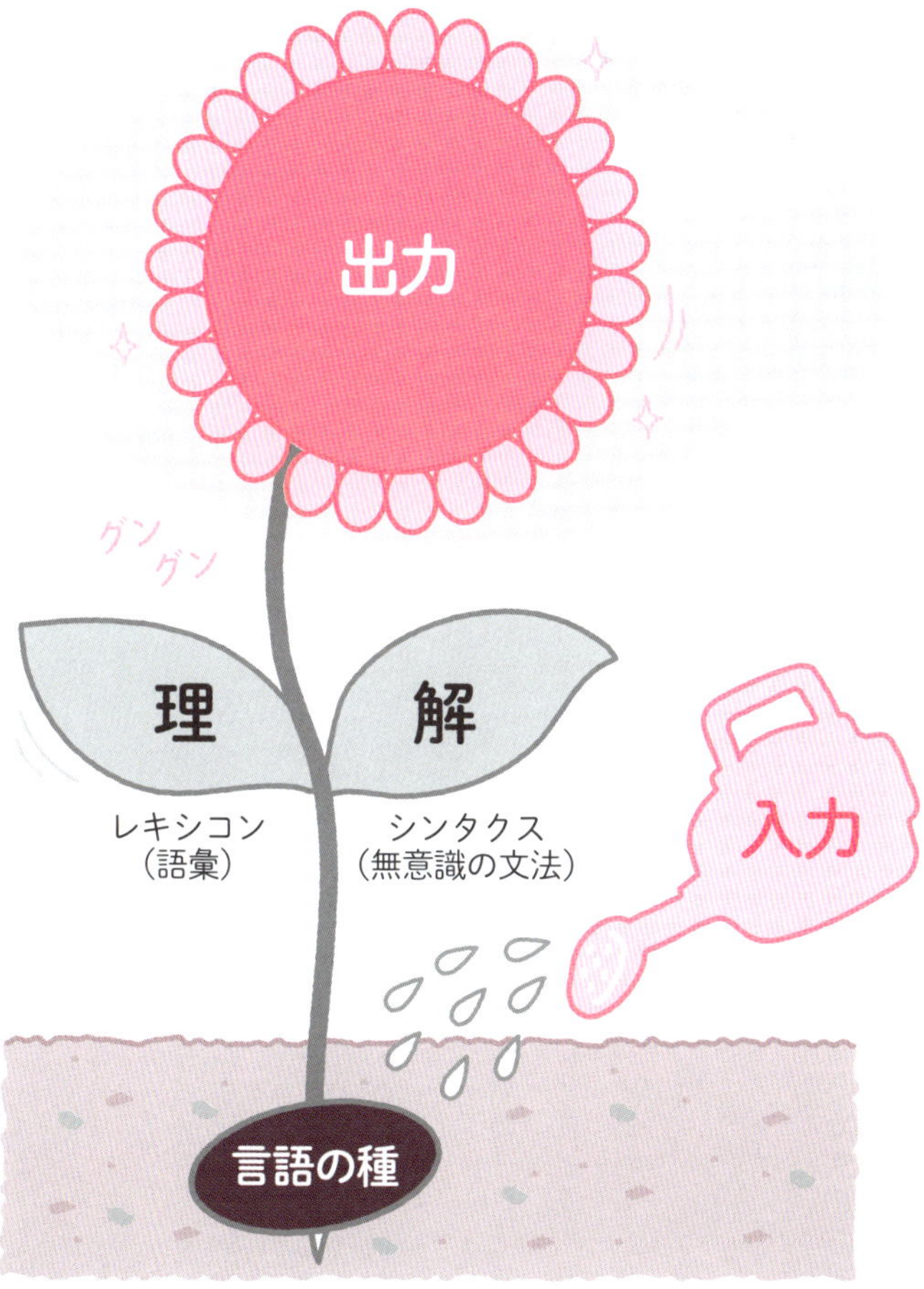

◉入力によって「理解する回路」を作る

同様に英語を身につけるには、まず英語を理解できるようにならなければなりません。リスニングやリーディング経由で入力された英語を、シンタクスやレキシコンに照らし合わせて、理解する回路が必要です。

英語のシンタクスが身についていない状態でいくら出力の練習をしても、正しくない英語を生み出しているに過ぎず、正しくない英語を出力する練習をいくらしたところで、英語力の向上に結びつくわけがありません。

4技能というと独立した技能のような印象があり、それぞれを練習すればよいと考えている人たちもいますが、実はそうではありません。英語を身につけるにはまずリスニングとリーディングの「入力」が大切であって、その後にスピーキングやライティングの「出力」の練習をすべきなのです。

それでは、次に、**英語を身につけるために必要な「入力」とはどのようなものなのか**、見ていきます。

4 入力の方法〜幼児は耳から、小学生は？中学生以上は目から、

●日本語の発達と英語の獲得能力は反比例する

外国語を身につけるためには「入力」が重要であることは、外国語獲得の研究の中では古くから言われ続けてきました。**言語学の世界では「入力」によって外国語は「獲得」される**という考え方が一般的です。

さて、その入力の回路にはリスニングとリーディングの2通りがあることも述べました。あとはどちらの入力回路を使うのかを、年齢に合わせて選択すればよいのです。

なぜなら、113ページの図のように、日本語の発達と英語の獲得能力は反比例します。だから、子どもがすでに身につけた日本語のレベルに応じて、英語の入力の仕方を変える必要が出てくるのです。

その際に3つの注意点があります。すでに述べましたが、**①年齢に合った方法を選択すること、②適正な質を確保すること、③十分な量の入力を確保すること**です。

それでは、年齢に合わせた入力方法並びに、その質と量を見ていきましょう。

幼児期の高い言語獲得能力を活かすには、無条件の耳からの入力が必要です。**説明や日本語訳を与えずに、ひたすら英語の音声環境を作り出す**ことが求められます。

幼児期の脳の特性として、直感的な理解に優れている反面、論理的な理解は苦手であることが挙げられます。

1歳の子に「(ストーブや鉄板が)熱いから触っちゃダメよ」といっても、目を離すと手を伸ばしてしまいます。また、ケーキを目の前に「食べちゃダメよ」といっても、これまた、すぐに手が伸びてしまいます。

仮に手を伸ばさない子がいたとしても、ロジックを理解してではなく、「ダメ」というパターンの学習によって手を伸ばしていないだけのことです。

このように**ロジックがわからない幼児に英文法を教えても無駄です**。無駄どころか、心理的ブレーキによって、英語に拒否反応を示すようになるかも知れません。

また、日本語に訳しながら教えたくなるものですが、これもいけません。**訳さない**

2-3 日本語と英語の獲得能力は反比例する

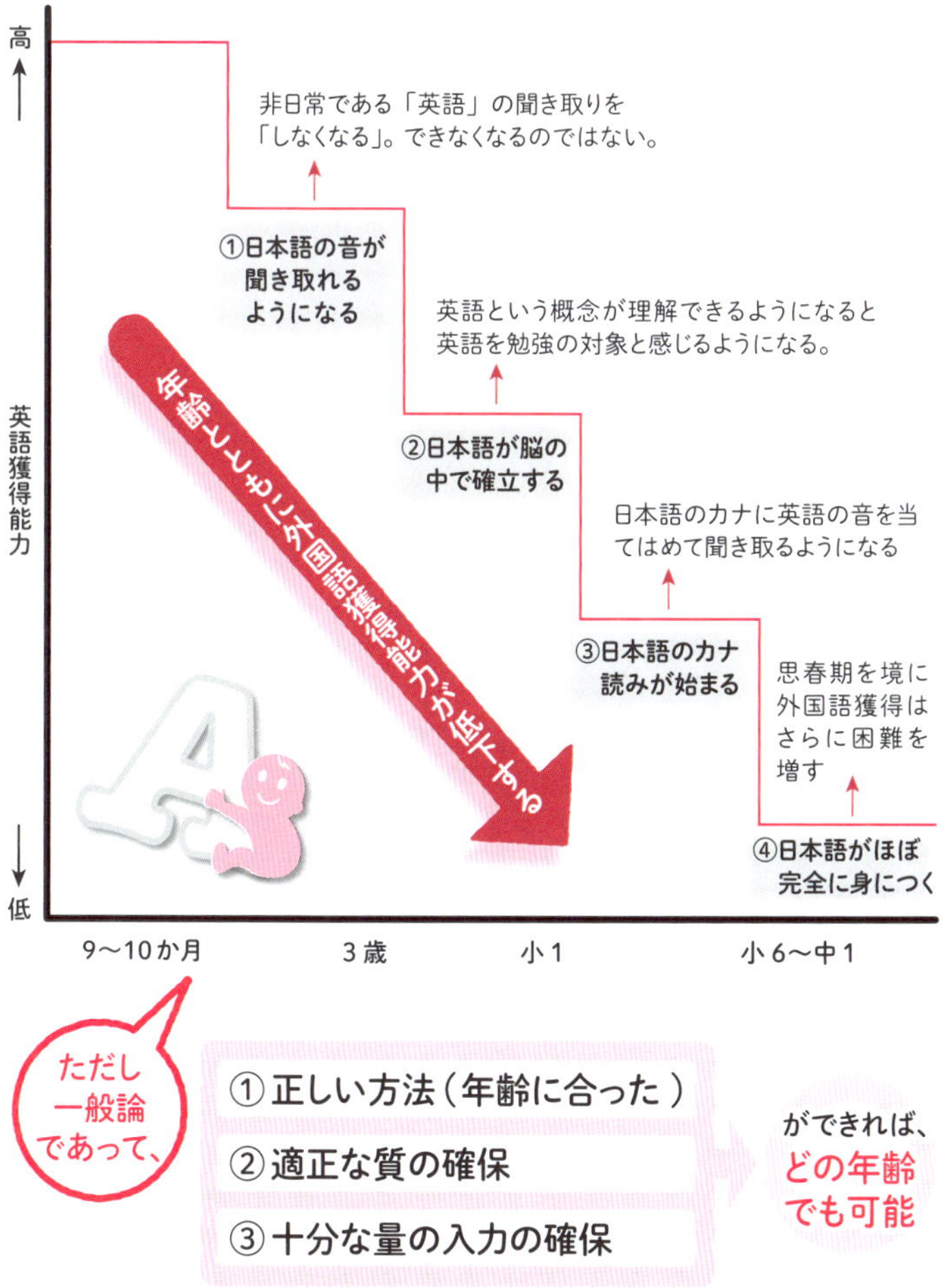
高
英語獲得能力
低
非日常である「英語」の聞き取りを
「しなくなる」。できなくなるのではない。
①日本語の音が
聞き取れる
ようになる
英語という概念が理解できるようになると
英語を勉強の対象と感じるようになる。
②日本語が脳の
中で確立する
日本語のカナに英語の音を当
てはめて聞き取るようになる
③日本語のカナ
読みが始まる
思春期を境に
外国語獲得は
さらに困難を
増す
④日本語がほぼ
完全に身につく
年齢とともに外国語獲得能力が低下する
9〜10か月
3歳
小1
小6〜中1
ただし
一般論
であって、
①正しい方法（年齢に合った）
②適正な質の確保
③十分な量の入力の確保
ができれば、
どの年齢
でも可能

のが直接法であることを常に心の中に留めておく必要があります。

思い出して下さい。私たちは「文法学習・対訳式」の勉強法で英語の獲得に失敗したのです。子どもたちに同じ轍を踏ませてはいけません。

●入力のやり方をどう変えるのか

質に関しては「既知の情報＋1」であることが大前提です（48ページ以降参照）。

さらにネイティブによる音声であることが重要です。また、繰り返しがふんだんに含まれていること、同じ語が異なる文脈で繰り返し登場することも重要です。

幼児が母語を身につける過程に存在する日常会話は同じようなことの繰り返しです。**繰り返しの中から子どもたちの頭にレキシコンやシンタクスが自然に育ちます**。

量に関しては、1日1時間半くらいが適量でしょう。

これは幼児が日本語を身につける段階で、一般的な核家族の家庭内に存在する日本語の音声の量から導かれた数字です。

小学校の低学年までは、幼児と同じような入力の方法で大丈夫ですが、**8歳くらい**

2-4 同じ単語を違う文脈で入力すると身につきやすくなる

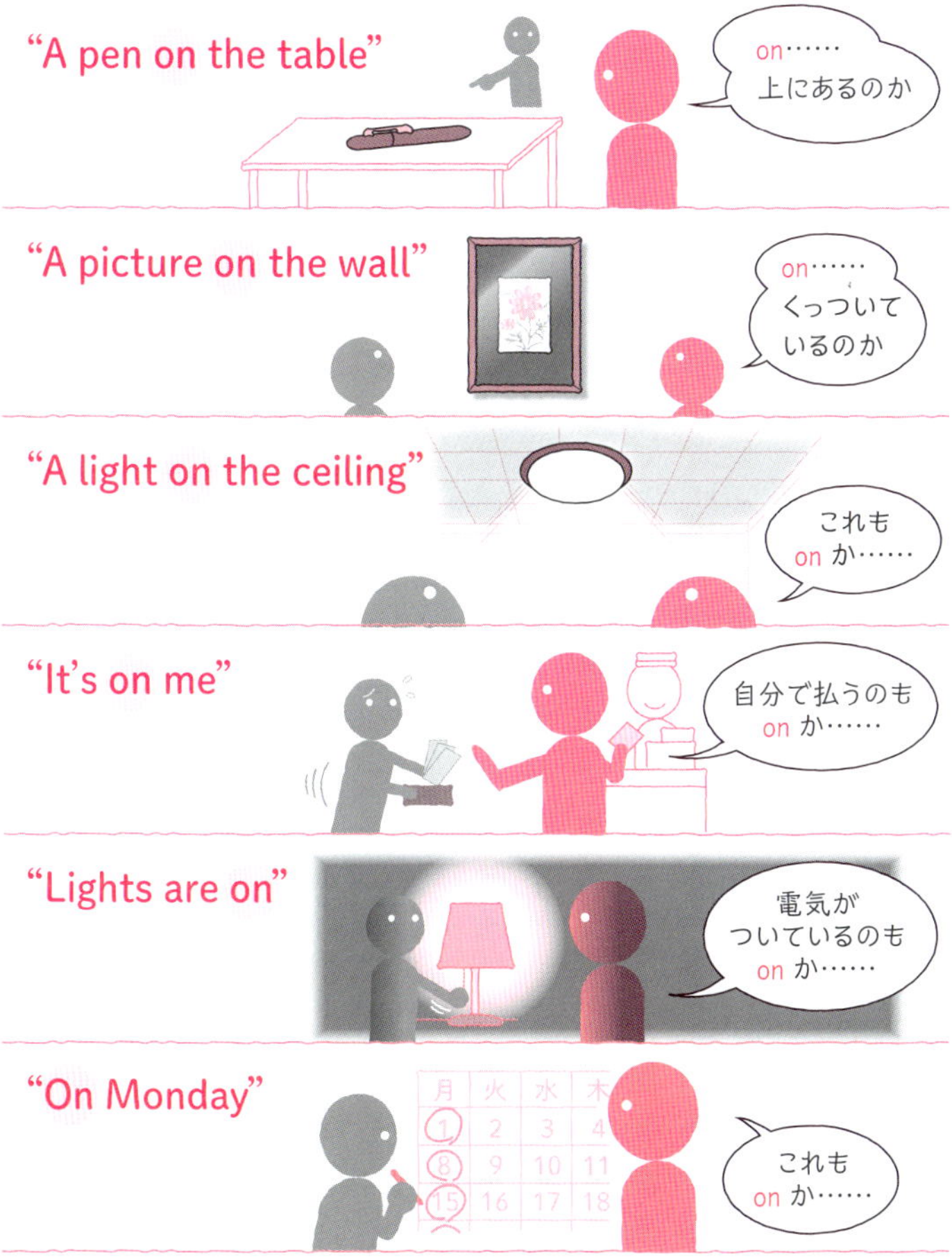

からは、耳からの刺激だけでなく、目からの刺激、つまり文字情報の入力も有効です。

小学校の中学年であれば、ロジカルな思考も育ちます。そんな段階の子どもには、「こうだからこう」と読み方や語順を教えていくのは有効な手段です。

ただし論理的思考ができるとはいっても、まだまだ子どもです。音声などは発音の仕方を教えるよりも、直感的に真似る方がよほど上手に身につけられます。

年齢が上がって、**小学校の高学年以上になると耳からの学習はほとんど期待できません**。優れた聞き取りの能力はすでに失われており、大人と同様に英語は聞き取れなくなっています。そんな中でガムシャラに聞いても、入力にはなりません。ただの雑音です。

その代わりに、2つのことが有効です。

1つ目は**正しい英語の音を理解することです**。驚くべきことに、日本の英語教育の現場ではこれが行われていません。アルファベット26文字で表される、たかだか40ほどの英語の音素（音の要素）を知らないまま学習が進みます。これではリスニング力が育つわけがありません。この点は後述します。

2-5 リスニング能力の育て方

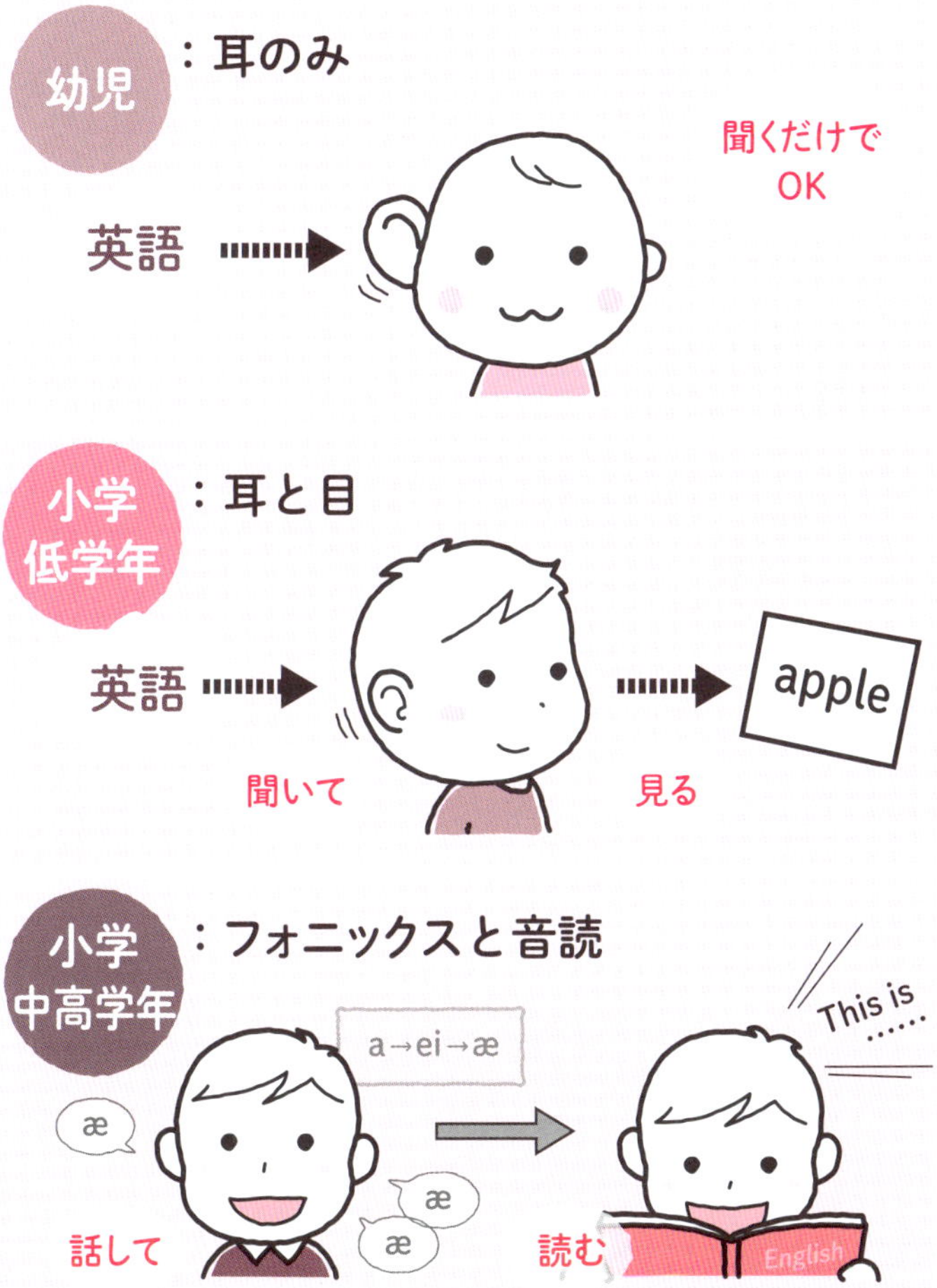

２つ目は、**目からの入力を徹底することです**。具体的には第６章で詳しく述べますが、このために「英文の素読」という新しい概念を持ち込んでいます。それによって、目からの大量入力を可能にします。

このように、年齢に合った入力方法と量・質を確保すればよいのです。

5 楽しくなくても、好きでなくても入力されてしまう

◉言語を身につけるのに好き嫌いは関係ない

幼児や小学校低学年の英語教育の現場について回るのが、「楽しく」という考え方です。

従来型の英語学習は「楽しくなかった」ので、その反省からか、いつしか「英語」と「楽しく」はペアで語られるようになってしまったのかもしれませんが、プロローグのQ4（29ページ参照）で述べたように、それらの要素は必要ではありません。

決して楽しい授業を否定するものではありません。「楽しい」のは大いに結構なことです。しかし、**「入力」さえできているのであれば「楽しく」なくても、英語は獲得されます。**

私たちは通常「日本語」を聞き取れていることや、**聞き取った日本語が次々と頭の中で自動的にイメージ化されていくことを実感しません**。それらは脳が勝手に行っていることであり、普段は「日本語の使用」を実感できません。

読者のみなさんは日本語を身につけるときに楽しみましたか？　あるいは現在日本語を使っていて楽しいと感じますか？　そんなことはないはずです。同様に英語も身につければよい。ただそれだけのことなのです。

「英語は楽しい」と類似した表現に「英語が好き」というものがあります。

これも少し奇妙な表現ではないでしょうか。「英語が好き」とは一体どういうことなのでしょうか。

「英語が好きで何が悪い」という声が聞こえてきそうですが、自然と獲得する言語は「自分の中にあるもの」なので、好きとか嫌いという感情は湧かないのです。

幼児たちに“Do you like English?”と外国人の先生が尋ね、それに対して子どもたちが“Yes, I do.”と答えているシーンを何度か見たことがありますが、そのように答えている子どもたちは、英語を「自分の外にあるもの」と捉えているのでしょう。

たとえば、「自分の中のもの」である日本語を好きか嫌いかなど、哲学者でもない限り考えないのが通常です。我が子に「日本語好き?」と聞いて「うん、大好き」と答えが返ってきたらどう感じますか。

もし、読者のみなさんが「あなたは日本語は好きですか」と尋ねられたら、何と答えますか?

●文法を学ばなくても英語は身につく

このように、**自分の中に勝手に育ってしまう英語は、一度身につけてしまえば、それは自分の中にあるもの、つまり自分の一部**なので、普段使っていても全く意識に上りません。

かく言う私もそうです。英語を身につけるまでは確かに「英語は好き」でした。しかし一度英語を身につけてしまったら、それは好き嫌いの対象ではなく、ただ単に聞き取れて、理解でき、自然に作文できるというだけのことなのです。

直接法での英語の獲得は至極簡単。入力環境を整えるだけです。

文法を学ぶ必要もありません。直接法のメソッドで学びたいのであれば、幼児期だけでなく、小学生になって読解力を育成する際にも、中学生以降に素読をさせる際にも、文法は一切気にしないことです。

このことは、日本語に置き換えて考えればすぐに理解できます。

私たちは中学校で動詞の活用など、日本語の文法を習いましたが、そんなものを知らずとも、日常的に動詞の活用や助詞の使い方を間違うことはないでしょう。文法を知らない幼児ですら日本語の助詞の使い方を間違えたりはしないのです。

また、日本語の活用の規則など国文学者でもない限り、説明することはできません。それでも無意識に作用するシンタクスと語彙のレキシコンにはその情報はちゃんと含まれているので、正しく日本語を使いこなせているのです。

文法を教える必要もなければ日本語に訳す必要もない。また楽しむ必要もなく、好きになる必要もない。必要なのは入力の環境のみ。それによって、赤ん坊が日本語を身につけるようにして英語も身につけてしまう。

これがまさしく「直接法」での英語の獲得方法なのです。

6 言葉の処理の仕方には2種類ある

◉トップダウン処理よりもボトムアップ処理で

ここで「トップダウン処理」と「ボトムアップ処理」という考え方について、簡単に説明しておくことにします。

この概念の理解は子どもに英語を身につけさせようと考える上でとても重要です。

子どもに英語を身につけさせたいと思っても、英語を身につけることが、具体的にどんなことなのか理解できていないと、獲得が中断されたり、子どもに「英語を学習している」と意識させることで心理的ブレーキをかけてしまう可能性があるのです。

言葉の処理の仕方にはボトムアップ式と、トップダウン式の2種類の方法があります。

一口に言えば、**ボトムアップ処理とは部分から全体へ、トップダウン処理は全体か**

ら部分へと理解していく方法です。

ボトムアップ処理は、まず小さな単位の音素を聞き取るところから始まります。音の並び順には（無意識のうちに我々は知っている）規則があり、聞き取った音の情報から語全体を予測します。これにより、我々は全ての音が聞き取れなくても、音を補完して語を聞き取れるのです。

その後、シンタクス（これも無意識の知識）が自動的に次に来る品詞や語を予測して、最終的には句（フレーズ）を理解します。

つまり、**我々は音声を聞き取りながら、次にくる語や、最終的な句の意味を予測しているのです**。これは0・2秒とか0・4秒で即時に行われます。

逆に**トップダウン処理とは、勉強して身につけた文法や語彙などの知識をもって、目から見たり耳にしたりした言語の理解にあたる処理のことです**。連続した音声の中から特定の単語を見つけ出したり、聞き取れた単語を文法知識に照らし合わせたりしつつ、さらに日本語なりに訳して理解する方法です。

日本人の大半、つまり英語を身につけられずにいる人たちは、このトップダウン処

2-6 トップダウン処理とボトムアップ処理

トップダウン処理：全体 ⇨ 部分へと理解

ボトムアップ処理：部分 ⇨ 全体へと理解

- 日本人は日本語をボトムアップとトップダウンの両方で処理。音素 → 語 → 句 → 文と聞き取るから、途中で、次に来る語や句を予想している

日本語なら内容を即座にキャッチできる

↓

★英語の場合、それができないので

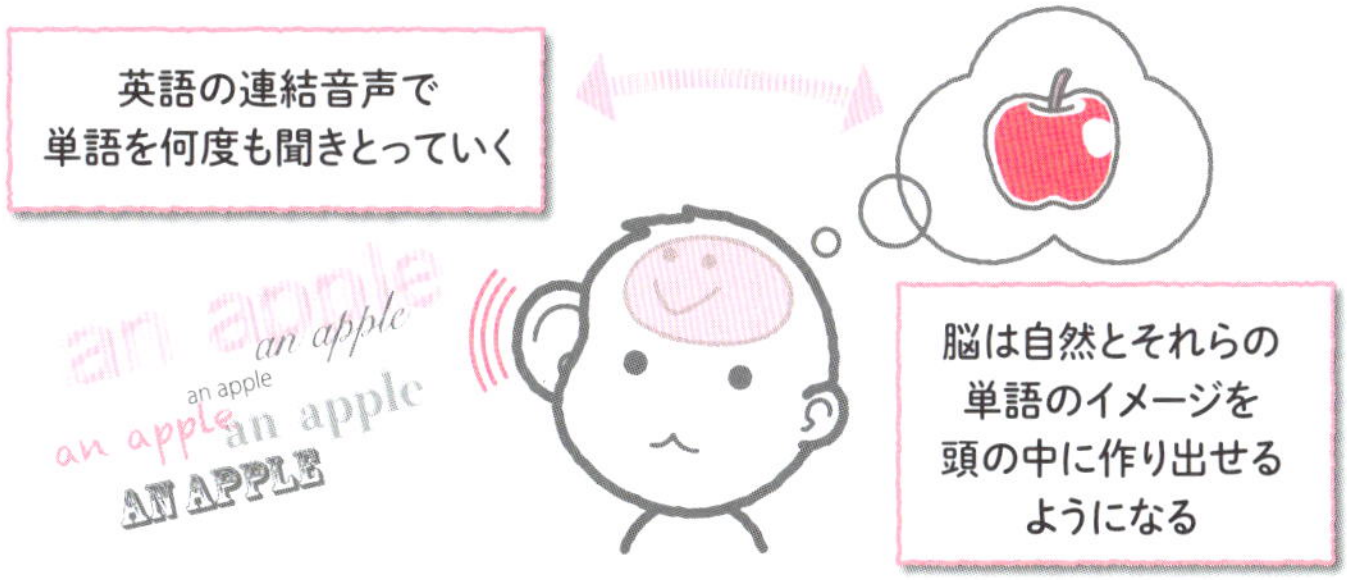
英語の連結音声で
単語を何度も聞きとっていく
an apple
an apple
an apple
an apple
an apple
AN APPLE
脳は自然とそれらの
単語のイメージを
頭の中に作り出せる
ようになる

- 繰り返し日常表現を耳にするうちに聞き取れる語や句が増え、やがて日本語のように聞こうとしなくても聞こえるようになる。

ボトムアップ処理なら英語も日本語と同じレベルで理解できる

理のみに頼っているのです。

◉「学習」を継続するだけでは英語は身につかない

留学生は最初にトップダウン式で英語を聞き取ろうとします。

しかし、トップダウン処理には限界があります。一部の語は聞き取れても、全てが聞き取れるわけではありません。そして聞き取れた情報を総合して、残りは勘で日本語に訳して理解します。不正確で、しかも時間がかかるのです。

ところが、**留学生は3か月もするとボトムアップ処理ができるようになります**。日常的な表現や日常的に使用される語彙数は数千の域を出ません。ヒトの脳は優れていて、そのくらいは、大量のリーディングやリスニングをしているうちに自然と獲得されてしまうのです。

すると**英文を正確には聞き取れていなくても、欠損している音や語などの情報を補完して、語や文を正確に、しかも即座に英語のまま理解することができる**のです。

トップダウン処理が悪いのではありません。学校で外国語として「英語」という授業を受ける立場では、この処理の仕方でゆっくりゆっくり学習する以外にないのです。

しかし、このトップダウン式の処理をいくら繰り返しても、つまり、英語の「学習」を継続しても、決して「獲得」には至らないのです。これは、みなさん体験済みでしょう。

直感的（ボトムアップ式）に理解できるような英語力を獲得するには、従来の学習から一歩踏み出して、**留学生のように大量の「入力」を行える英文のリスニングやリーディングを実践するしかない**のです。

7 日本人の「英語ができない本当の理由」

◉日本語の「かな」の知識が英語を聞き取る邪魔になる

英語を理解できるようになるために、日本人に欠けている技能はたったの2つです。

1つ目は連続している英語の音声を次々と単語単位に切り出す分節能力。もう1つは、日本語に訳すことなく聞こえた英語をそのままイメージ化する能力です。

以上の2点を具体的に体感していただくために、まずは次のアルファベットを声に出して読んでみて下さい。

/aiminonit/

ご自身で発音されてみて、「アイミノニット」と聞こえましたか？　であれば、それこそが日本人が英語を理解できない理由の第一です。

専門的な説明は避けますが、日本語は語と語を組み合わせても、隣り合う語同士がくっついて別の音に聞こえることはありません。「わたしは」「りんごが」「すき」「です」を連続して発音しても、別の音声に変わることはありません。

ところが、英語は違うのです。

英語は隣り合う語同士がくっつくと別の音に聞こえるのです。これは英語が子音で終わる（日本語は撥音「ん」などの例外を除き子音で終われない）ことに由来します。英語には子音で終わる語がとても多いのです。そして、子音で終わった語（たとえば「in」）の次に母音で始まる語が（たとえば「on」）が続くと、尾子音の「n」と頭母音の「o」がくっついて、音響学的には「no」になってしまうのです。

英語のできない日本人は日本語の「かな」の知識で英語を聞き取ろうとします。すると、結果として"I'm in on it"は /ai mi no nit（「アイミノニット」）/ のように聞こえてしまうのです。

直接法で耳から学習できる幼児たちは、英語の音声を与え続けることで、この英語の特性に気づきます。そして、**くっついてしまった音のダンゴから単語を切り出すこ**

2-7 日本人が英語ができないワケ

とができるようになるのです。

◉英語を日本語に訳していては身につかない

英語ができない理由の2つ目は、日本語に訳してしまうことです。

先ほどの文、"I'm in on it."はわずか4語（正確には5語）の文ですし、中学校の1年生で習うような基本的な語ばかりです。でも、こんな簡単な英文も、英語が身についていない人はいくら読んでも理解できません。

試しにこの句を辞書で引いて日本語に訳そうとしてみても、なかなか答えは見つかりません。英語を日本語に訳すのには限界があるのです。

かつての夏目漱石先生もざっとこんなことを言っていました。

「**英語の初級を修めた者はあとは英文をたくさん読めばよい。わからないところも辞書など引かず読み進めるうちに英語はわかるようになるものだ**」

現に英語は全て訳さなくてもわかります。たとえば'desk, kitchen, park, hands, apples...'などなど日常的に使用する単語の大半を占める名詞類は、わざわざ「机、台所、公園……」などと日本語に訳さずとも理解できます。

やっかいなのは動詞や前置詞、そして副詞です。**名詞は日本語と対応することが多いのに対して、動詞や前置詞は日本語と完全一致しないことがままある**のです。

たとえば、"run"を辞書で引けば100もの訳があります。get, have, take, make などの基礎動詞もそれぞれざっと50もの日本語訳が載っています。これらを全て記憶するなどナンセンスです。

前置詞や副詞ともなれば、これは日本人が最も苦手とする語群で、先ほどの文のように連続して出てきたりすると、お手上げです。

しかし、動詞や前置詞も無数にあるわけではありません。基本的な動詞は100くらい。前置詞でも、獲得が難しいものは in, on, of, for, at, by, to, with などに限られます。それらの動詞や前置詞を訳そうとするから、途端に意味がわからなくなるのです。

ちなみに、先ほどの"I'm in on it."は「私もそれやる～」的な意味になります。分解すれば「そのこと(it)」「に関して(on)」「私は(I)」「やる気(in)」「だ(am)」といった具合です。

英語を直感的に理解するために必要な動詞や前置詞、副詞は、それでも200もな

いでしょう。

◉インプットを続けると脳が単語のイメージを作り出す

日本語に訳さず、さまざまな文脈でそれらを入力する直接法を続けると、**脳は自然とそれらの単語のイメージを頭の中に作り出す**ことができるようになります。人間の脳はスゴいのです。

幼児はもちろんのこと、大人でも、英語のボトムアップ処理能力を身につけることができます。それが証拠に、留学生や、大人になってからアメリカに移民した人の中にも、ネイティブと変わらぬ英語力を身につける人たちが、現に無数に存在するのです。

そして、一度ボトムアップ処理ができる英語力を身につければ、まるでネイティブが英語を理解するように、まるで日本語を聞いているかのように、文の意味が自然と理解できるようになるのです。

8 ローマ字教育が英語のできない子を育てる

◉ローマ字読みで英語を覚えようとする子どもが陥るワナ

直接法で英語を獲得するのは幼児期に限らず、小学生になっても中学生以降でも可能です。大人でも可能なのですから、子どもたちにできないわけがありません。しかし、それでも、**早ければ早いに越したことはありません**。

日常に追われている大人と違い、幼児期は時間がたっぷりあるので家でボンヤリしていたり、遊んでいるときに大量に入力できるのは大きなメリットです。

また、言語獲得の高い能力を有していることも、幼児期などの早い段階で英語教育を実施するメリットの1つです。

さらに、音に鈍感で日本語の音の知識（「かな」）で英語を聞き取ろうとする大人と異なり、**耳からの入力だけで、すんなりと英語の音の学習ができてしまうのも、幼児期ならではのメリットです**。

しかし、それ以外にも幼児期や低学年のうちに英語教育をスタート、あるいはある程度入力してしまう方がよい理由があります。

それは、**小学校の3年生から始まる「ローマ字教育」が子どもたちが英語を勉強するための**障壁となる恐れがあるからです。

事件ではありませんが、こんな話がありました。

とある小学生の女の子がローマ字、つまり国語の授業で「英語のキャットはローマ字でどう書くの」と尋ねられました。その子は我々の指導でバイリンガルになっていたので、当然の如く'cat'と書きました。

もちろん×をもらいました。正しくは'kyatto'だそうです。

気の毒に、この子にしたら大混乱です。「英語のキャット」は彼女にとっては'cat'でしかないのです。

日本では、英語でも使用されているローマンアルファベット、略してアルファベットを借用した、いわゆるローマ字表記のシステムを採用しています。それを「ローマ字」と呼んでいますが、その**「日本語のローマ字」と「英語のアルファベット」を混**

2-8 ローマ字と英語の混同

「英語の“キャット”はローマ字でどう書く？」

バイリンガル

①英語をアルファベットで表記することを理解。日本語っぽい先生の英語‘キャット’を‘cat’に変換して回答。

cat

英語としては正しいが
バツをもらう

モノリンガルの日本人

②先生の日本語（外来語）として発語された「キャット」を日本語の発音のままローマ字で‘kyatto’と記述する。

kyatto

先生が期待していたのは
こちら

同してしまう子が少なくないのです。

読者のみなさんの中で、"orange"の綴りを「オランゲ」と覚えている子どもたちを見かけた方もいらっしゃるでしょう。あれは、単にローマ字読みしているだけです。

かつて、"baseball"を「バセバジュウイチ」と覚える学生を見て、絶句したことがありますが、よく見てください。ローマ字で読めばそう読めてしまうのです。

このように、日本語の表記システムであるローマ字を英単語の綴りを覚えるために流用する子は、そもそもは頭のよい子なのでしょう。しかし、問題は逆に英語を読んだときにそれを日本語のローマ字と混同してしまうことなのです。

●日本語のルールを知る前に英語のまま入力してしまおう

蛇足ですが、もう1つエピソードを付け加えておきましょう。

日本語の読み書きが少々できるアメリカ人に"cat"を「カタカナ」で書くように頼んだところ、「そんなもの書けない（←英語で、です）」と断られましたが、そこを押して頼んだところ、悩みながらも渋々「カトゥ」と書いてくれました。

英語がわかる人にとっては'cat'は「キャット」ではないのです。「キャット」とは英語のわからない日本人が、その音を聞いて無意識のうちに日本語の「かな」に置き換えたときに聞こえてくる音なのです。

やはり英語は英語のままで理解するべきです。**子どもには小1で「かな」や、小3で「ローマ字」といった日本語のルールを知る前に英語を身につけさせた方が、混乱しなくて済む**と思うのは私だけではないことを祈るばかりです。

9 ゴールを「小学生の間に英検準2級」にする意味とは

◉「英語が消えてしまう」不安を解消するために

第1章では英検3級と準2級の間に実力のギャップがあり、英検準2級レベルからようやく本格的な英語力であることを理由に、「英検準2級」を本書の目標とするとお伝えしました。

実は英検準2級取得をゴールにすることには、もう1つ重要な意味があります。

この章で説明してきたように、直接法で、しかも幼児期や学齢期の早い段階で英語を身につけるのは極めて簡単です。現に英語の入力環境が整っているご家庭では、英語の回路を身につける子どもたちがどんどん育っています。

しかし、こんな話を聞いたことはありませんか？　プロローグのQ7でも少し触れましたが、

「小さいときに身につけた英語は消えてしまうから無駄よ」

そうなのです。**幼児期や学齢期の早い段階で身につける英語は、しばらく放っておくと消え去ってしまう恐れがある**のです。

◉入力した英語を脳に定着させる方法とは

「小さいときに身につけた英語は消える恐れがある」ことをお伝えする際に、いつも引用する話があります。

英語圏へ海外赴任したご家庭の話です。お姉ちゃんと弟の２人兄姉は海外生活の中で英語を身につけた、いわゆるバイリンガルに育っていました。幼稚園や学校では英語で、家では日本語で話す生活が続いていました。

そして、お姉ちゃんが小２、下の子がキンダー（幼稚園児）のときに帰国します。日本の学校に戻ると２人とも一切英語を口にしなくなります。これは極めて自然な現象です。子どもは友だちと「同じ」でいることが好きなのです。ですから、自分たちをみんなと「違う」存在へと分断する英語は口にしなくなります。

これを書いていて、ふと思い出しましたが、私も小学校時代の友人に帰国子女がいました。親から「○○君は英語話せるんだよ」と聞いていたので、ある日彼に「英語話せるの？」と聞いたら「忘れちゃった」と答えたのを今でも鮮やかに覚えています。

そのご姉弟も同じだったのでしょう。

そんな生活が1年ほど続いたある日、父のアメリカ時代の友人が日本を訪れます。久々の再会です。すると、**姉の方はすぐに英語で話し出しましたが、弟の方の反応は周囲の期待に背くものでした**。彼は最後まで一言も英語を口にしなかったのです。

姉の英語は1年のブランクを生き延びて、弟の英語は1年の間に消え去ってしまったのです。これに似たような事例はいくつも耳にします。

一体、弟の英語に何が起きたのでしょう。

その答えは単純明快。両者における「読解力」の有無の差です。

帰国時、お姉ちゃんは小学生だったので、英語が読めました。一方の弟君はというと、キンダーだったので、まだ英語を読めなかったのです。そして、その「読解力」の有無が2人の「英語力」のサバイバルの差を決定づけてしまったのです。

下の子には気の毒ですが、ちょうど微妙な時期に当たってしまったのでしょう。6歳とか7歳というのは母語（つまり弟にとっての日本語）の文字の体系を身につける端境期にあたり、言語学的にも外国語の音の獲得に困難が伴い始める年齢なのです。

◉英検準2級を保持するということ

幼児期に身につけたことばは「音声」というぼんやりとした存在です。ところが文字という「音声を記号化するシステム」を理解すると、ぼんやりしていた音が文字記号へきっちりとカテゴライズされます。

つまり、**音声言語が文字言語でも理解できるようになると、それは頭の中でしっかりと整理整頓されて、この場合、消えない英語力になる**のです。

英検の準2級からはしっかりとした読解力が必要となるとお伝えしました。言い換えると、**準2級を持っていることが、英語の読解力を持っていることの証**なのです。

せっかく日本で英語を身につけても、中学受験などで中断することがあります。そこで、消えてしまわない英語力に育てるためにも、英検準2級の取得を当面の目標にしておくことが望ましいのです。

2-9 消える英語と消えない英語

脳に定着していないと

音声入力ができるようになっていても音声は目に見えないし実体がつかみにくい。つまり「勘」で処理をしている。だから、しばらくすると……。

↓

消える

脳に定着していると

音声を文字記号に置き換えるとフワフワしていた音声が、実体の明らかな体系になる。

↓

一生消えない

10

学習開始年齢、性別、兄弟関係などで「最適な勉強法」は変わる

◉男女で言語獲得に適する方法は異なる

英語はスタートの年齢によって学習方法を選択しなければいけません。この点については第1章ですでに述べた通りです。

ただし、幼児ならこう、小学生ならこう、と一概に年齢で学習法を決定することができないのが悩ましいところです。

子どもによっては小学生でも幼児向けの取り組み方で成果の上がるケースもあれば、幼児でも小学生向けの学習がぴったり合っている子もいるのです。

また、**学習法を選ぶにあたっては、年齢以外にもさまざまな方法があります。**

子どもたちの性格は育つ環境、たとえば**性別や兄弟関係に影響されます。**

性別では男子よりも女子の方が精神的に早く成長します。

たとえば男子は拾ってきた石を箱に入れて眺めるといった意味不明の行動をとった

りします。男の子を育てているお母さんには、そんな我が子を見て「なぜうちの子はこんなことをするのだろう？」「これのどこがそんなに楽しいのだろう？」と感じられる方も少なくないでしょう。

こうした行為は、やめるよう諭《さと》してもなかなか理解してくれない、こちらの言うことが伝わらなくてイライラしたご経験をお持ちの方も少なくないと思います。

男子は物事を視覚を通して理解する傾向にあります。頭の中でいろいろ想像するのですが、ことばからの理解ではなく視覚を通した理解に優れているようです。

一方の女子は男子に比べて、ことばからの理解が早くから発達する傾向にあります。

つまり、**男子は目から刺激の方が理解しやすく、女子は耳からの学習で成果を上げられるのです**。「話せばわかる」のです。

もちろん、幼児期の教育は耳からの学習が基本ですが、**男子の場合には視覚刺激を合わせて積極的に取り入れる**ことで、理解を促すことができます。また、**女子は言語自体に敏感なので、早い段階から文字の刺激を入れてあげる**と、スムーズに読む段階に進めることができます。

◉長男長女（長子）に文字学習が合う理由とは

また、兄弟姉妹のどの位置にいるかによっても、適切な学習方法は変わります。
「お兄ちゃん（お姉ちゃん）なんだからしっかりしなさい」――長男長女（長子）は母親からこんなことを言われます。

彼らからすれば、好きこのんでお兄ちゃんやお姉ちゃんになったわけではないので、そう言われても、迷惑千万です。しかし、下に赤ちゃんができたのですから、仕方がありません。我慢することを覚えます。

我慢というのは自然と湧いてきた衝動をぐっと抑え込むことです。

これを繰り返すことで、「これはしてはいけない」と学習します。日々それを体験していると、幼児期特有の無邪気さが消えていきます。**直感的に行動すると怒られるので、論理的に物事を考えるようになる**のです。

このような子たちは精神的な成長が早いので、音声という実体の見えない耳からの入力よりも、**しっかり目に見えるもの、特に文字を合わせた学習を好む傾向にあります。**

音声を無邪気に真似たりするよりも、プリント学習などを好みます。

反対に末っ子はいつまでも赤ちゃん扱いされるので、自らを抑制する必要に迫られ

2-10 年齢や兄弟関係、性別に応じた入力方法を選ぶ

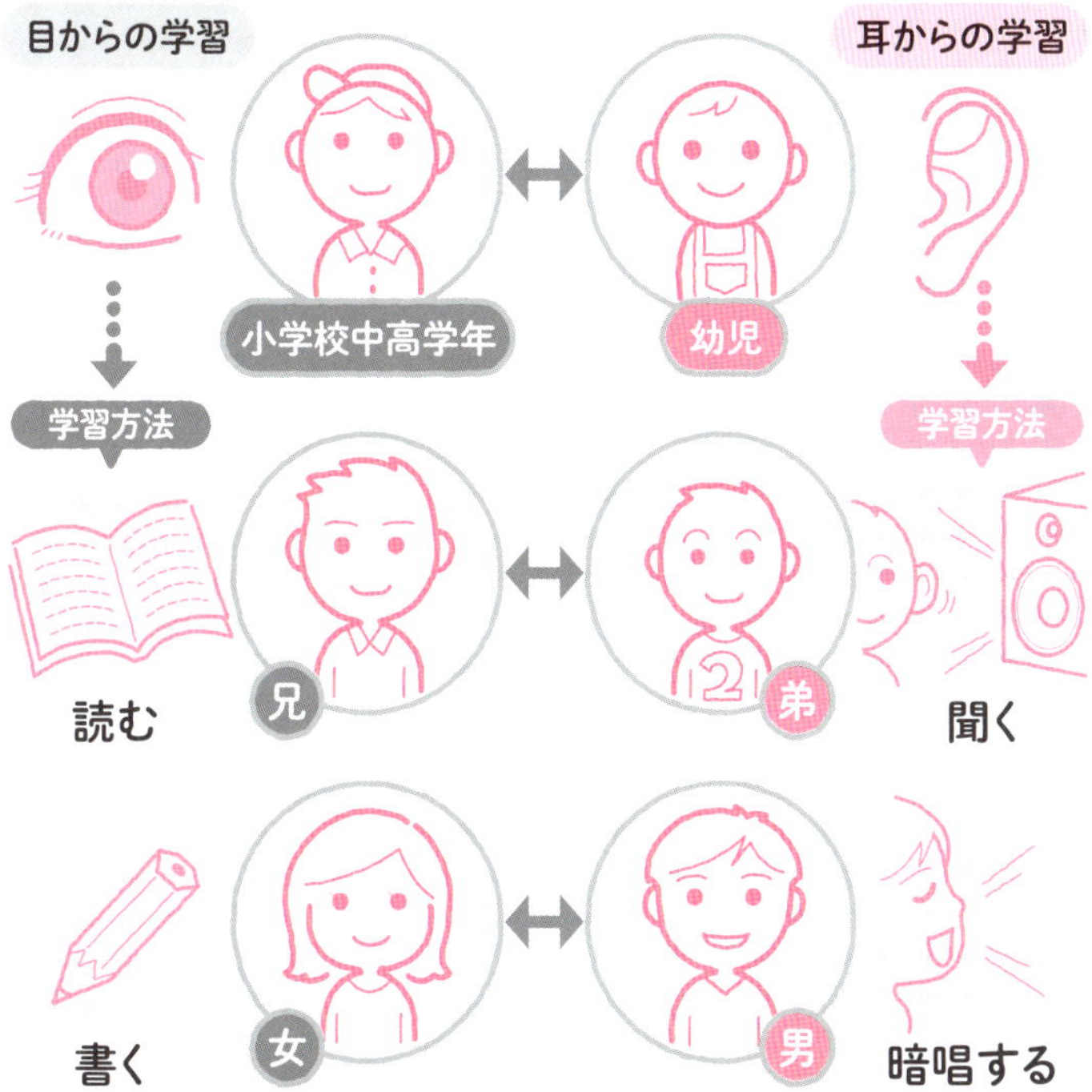

- 幼児・小学校低学年より小学校中高学年の方が目を通した学習が適している。
- 下の子より上の子の方が目を通した学習が適している。
- 男子より女子の方が目を通した学習が適している。

ることが少なく、のびのびと育つ確率が高いのです。

以上を総合すれば、**長男長女（長子）、特に上の女の子たちは暗唱など音声の学習が苦手で、逆に文字を取り入れた学習やプリントなどが効果的です。**

一方の**末っ子、特に男子は音声を丸暗記させる暗唱が得意な一方、プリント学習などがなかなか進まない傾向にあります。**

ここまでお伝えしたことを考慮した上で、**子どものタイプに合った学習法を考えてあげたい**ものです。

幼児期・小学校低学年には英語のかけ流しや暗唱など耳からの学習、中学年にはかけ流しなど耳からの学習と合わせて、文字を読ませたり書かせたりする目からの学習が適しているでしょう。

さらに小学校高学年や中学生には主に読み書きなどの目からの学習と、論理的に音声を学習するフォニックス（第6章参照）などを適宜取り入れることをお勧めします。

第3章

子どもの英語力の目安になる「英検のレベル感」とは

この章のSUMMARY

- 英語「超効率」勉強法を幼児期から取り入れれば、5～3級までは難なく合格できる。

- 英検の試験で使用される単語数は級が1つ上がるごとに2倍弱程度に増える。英検の5～3級までで問われるのは「生活言語」。日本語で言えば4～5歳レベルの語彙力があればクリアできる。

- 準2級以降は「生活言語」からワンランク上の「学習言語」が加わるため、文章量と語彙数がかなり増える。合格には読解力を身につけることが必要になる。

- 小学生のうちに準2級を身につけると、そこから先の英語学習はスムーズに進む。

1

英検で問われるのは「生活言語」と「学習言語」

◉英検5級から3級で問われるのは「生活言語」

すでにお伝えしたように、私は子どもの英語力の指標として英検を受けることをお勧めしています。

そこで、英検のそれぞれの級ではどのようなことが求められるのか見ていきましょう。

これまで学校で習ってきたような文法・和訳方式の学習でも5級や4級はクリアできますが、**多くの子が3級の壁に阻まれます**。これは一般的な学習ではリスニングが苦手になりがちなことと、3級からは長文と英作文が登場することによります。

そして**準2級ともなると、従来型の勉強法では小学生での合格は相当難しい**でしょう。

その後、中学生になっても、2級など夢のまた夢。高校生で準1級は留学でもしなければ不可能。大学生で1級など想像もつかない。これが世間一般の英検の各級に対する捉え方でしょう。

しかし、**幼児期から英語の勉強をスタートした子たちには、全く異なった英検との関わりが待っています**。

幼児期にスタートすれば、3級の壁などは存在しません。その代わりに3級と準2級の間に1つの壁があります。そして準2級をクリアすると2級は問題なくクリアできますが、準1級が次の大きな壁となります。

そしてその先に、少々手強い1級の壁があります。

◉それぞれの級のレベル感について知っておこう

まずは5級〜3級までを見ていきましょう。

このレベルは「生活言語」のレベルと言えます。これに対する概念に「学習言語」と呼ばれるものがあります。どう違うのか、ここから説明していきましょう。

まず、**「生活言語」とは第二言語獲得の学問の中で使われる言葉で、たとえば米国**

3-1 「生活言語」から「学習言語」へ

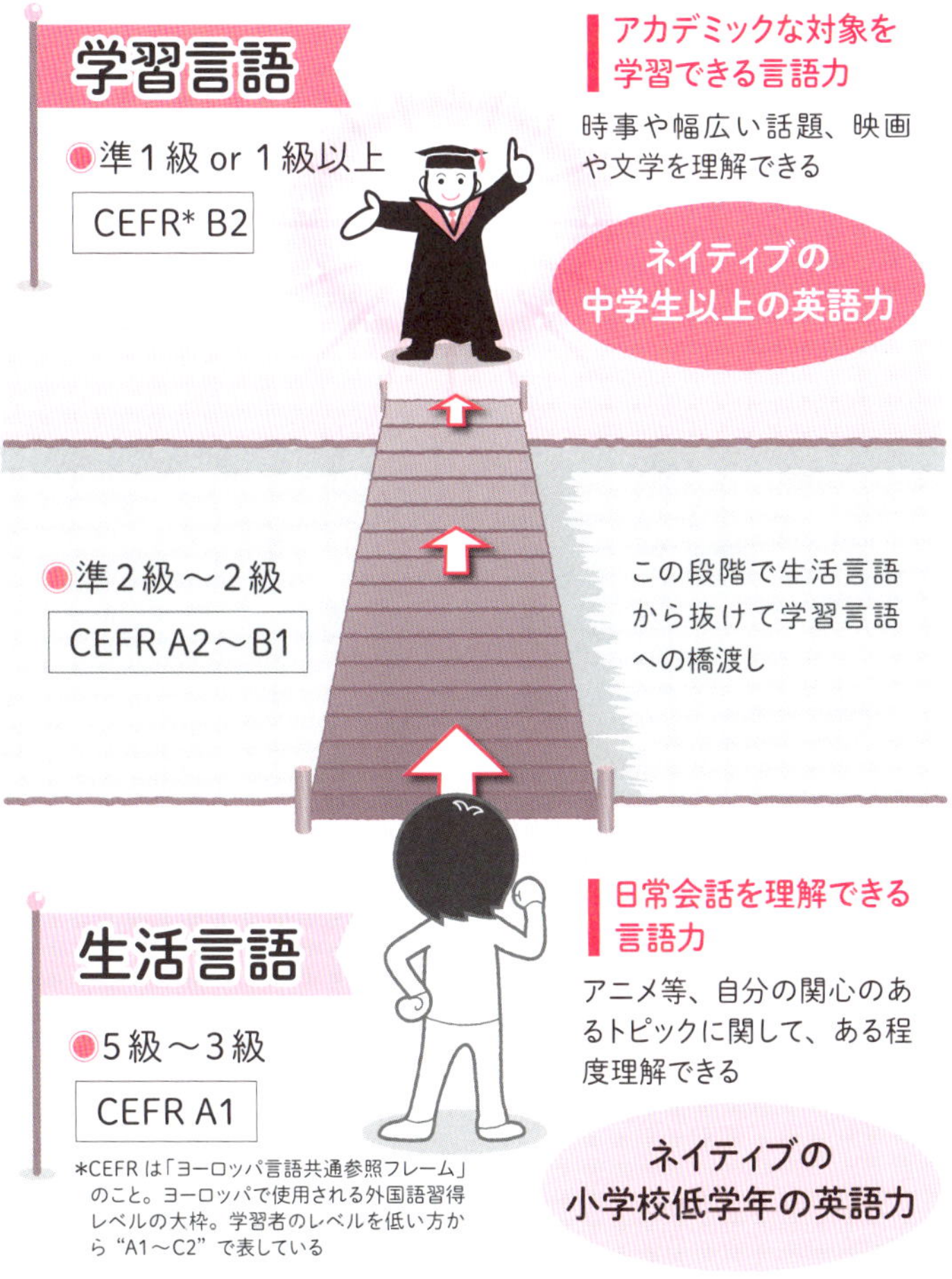
学習言語
準1級 or 1級以上
CEFR* B2
アカデミックな対象を学習できる言語力
時事や幅広い話題、映画や文学を理解できる
ネイティブの中学生以上の英語力
準2級～2級
CEFR A2～B1
この段階で生活言語から抜けて学習言語への橋渡し
生活言語
5級～3級
CEFR A1
日常会話を理解できる言語力
アニメ等、自分の関心のあるトピックに関して、ある程度理解できる
ネイティブの小学校低学年の英語力
*CEFRは「ヨーロッパ言語共通参照フレーム」のこと。ヨーロッパで使用される外国語習得レベルの大枠。学習者のレベルを低い方から“A1～C2”で表している

への移民などが最初に身につけるレベルの英語力を指します。文字通り「生活」に必要なレベルの英語の運用力のことです。ざっと英語がわかるというレベル、と考えて差し支えありません。

幼児期に英語をスタートする子たちは、ボトムアップ処理能力を伴った「生活言語」を2年ほどで獲得します。このレベルの英語の回路が身についていれば、あとはちょっとした読解力があれば英検の3級までは合格できます。

従来の勉強法では3級がなかなかクリアできないのは、まずリスニングができないこと、それに加えて和訳方式で英語を処理（トップダウン処理）しているからです。直感的に使える「生活言語」が身についていないので、3級をクリアできないのです。

一方で、**「生活言語」レベルの英語が身についていれば、英検の3級は軽くクリアできますが**、逆に3級に合格したからといって、それで「生活言語」としての英語が身についているとは必ずしも言えません。

直感的に英語を理解するボトムアップ処理ができないままだと、その先の準2級や2級に進もうとしても到底合格できないのです。

2

5級から3級は「生活言語」レベルが中心である

●実際に出題される問題に当たってみよう

ここで、英検の問題のレベルを確認しておきましょう。

たとえば、5級では日本語に直すと次のようなレベルの問題が出されます。

「めぐみさん、あなたはテニスをしますか？」

「はい。これが私の（　　　）です。」

そして、この括弧の中に「スプーン・ラケット・消しゴム・ギター」のいずれかを入れるわけです。もちろんこれが英語で出されるわけですが、片言の英語力でもクリアできるレベルです。

使用語数も600語程度です。これは小学校で使われている英語のテキスト'Hi, friends!'で420語、'We Can!'が450語、重複を省いて600語くらいなので、**小学校英語のレベルと考えて差し支えありません。**

日本語で言えば2、3歳児でもわかるレベルです。

4級になると、ほんの少しだけ難しくなります。

「花子のお姉さんは（　　）で働いています。彼女は看護師です。」

そして、「レストラン・病院・銀行・郵便局」から正しい答えを選びます。これも、大したレベルではありません。

また4級からは掲示板や e-mail からの出題もありますが、答えは本文の中に書いてあるので、ある程度の読解力があれば、クリアできます。

出題に使われる総単語数は1300くらいになるので、5級よりは増えます。しかし、**一般的な3歳から4歳児レベルの言語運用力、つまり生活言語が身についていればクリアできます**。

これが3級になるとぐっと難しくなります。

選択肢（judges, serves, borrows, invites）から、次の空欄に入れる語を選びます。

“This restaurant（　　）good food.”

また、文法も受動文や完了形まで出てきます。たとえば、以下のような文法問題もあります。

“All flights have（　　）because of heavy snow.”

括弧内の選択肢は（cancel, canceled, been canceled, to canceling）です。典型的な文法引っかけ問題です。このあたりが「3級には文法が必要」とささやかれるゆえんかも知れません。文法対訳方式のひとつの壁でしょう。

しかし、「生活言語」レベルの英語を身につけていれば、この程度の問題に引っかかることはありません。また、3級になると長文問題が10問ほど出題され、文章も250語ほどと、少し長くなります。しかし4級同様に質問に対する答えは本文中に書いてあるので、ちゃんと読めれば問題なくクリアできるレベルです。

使用される語彙も2500語ほどです。**2500語の語彙レベルは日本語で言えば4歳とか5歳程度ですので、これまた大したことはありません。**

幼児期から英語学習をスタートできれば、5級〜3級までは1年で連続してポンポンポンと合格できますし、現にそのような子も少なくありません。

それでは、引き続きそれ以降の級を見ていきましょう。

3 準2級から2級は「学習言語」への入り口

◉準2級は「生活言語」と「学習言語」の中間レベル

準2級から先になると、少し様子が変わってきます。**英検で使用される単語数は級が1つ上がるごとに2倍弱程度に増えます。**

正式に公開されているデータではありませんが、ざっと5級では600、4級では1300、3級で2500、準2級で4000、2級で6000、準1級で9000、1級で1万5000語と思っておけばよいでしょう。

さて、「生活言語」の先に「学習言語」があると先ほど書きましたが、この**「学習言語」とは移民の子たちが、学校で英語で授業を受けたり、抽象的な事柄を理解するのに必要なレベルのことばの運用能力**です。

英検のレベルで言えば準1級以上です。語彙が9000~1万前後というと、日本人の小学4、5年生の時期の語彙です。確かに、このあたりからかなり抽象的な内容の事柄も理解できるようになります。日本語でいえば、小学校高学年にさしかかったレベルの言語運用力を「学習言語」と考えて問題ないでしょう。

幼児を対象とした語彙に関する実験では、2歳児で200、3歳児で900、小学1年生で4000語程度という数字があげられています。単純に語彙レベルだけ見ると、**準2級は日本語の語彙に当てはめると小学1年相当でしょう。**

学齢期にさしかかった子たちの日本語と考えれば、**「生活言語」レベルよりは一段階上、でも「学習言語」よりは一段下です。英検準2級と2級は「生活言語」から「学習言語」へと橋渡しをする中間のレベルです。**

準2級の試験内容は、たとえばこんな感じです。

"The son insisted that half of his father's (　　　) belongs to him."

選択肢は、(weight, knowledge, property, gesture) です。

日本語に直すとこうです。

「息子は父の (　　　) の半分は彼のものであると主張した。」

選択肢 (重量・知識・財産・身振り)。

少し気の利いた小学生なら低学年でもわかる内容です。

ちなみに、幼児期に英語教育を受ける子どもたちの中には、幼稚園のうちにこのレベルをクリアする子がいます。言い換えれば、**そんな子たちは同年代のネイティブの英語話者よりはるかに優れた英語力を持っている**のです。

ネイティブより優れた英語力。幼児期の英語教育の威力はスゴいのです。

◉準2級では文章量と語彙数がかなり増える

準2級以上が3級までと異なる点は大きく2つあります。1つ目は文章量が多くなること。長文が4つのセクションに増え、さらにテキスト量がかなり多くなります。

受験者に対する合格率も3級以下では6割から8割あるところが、準2級からは3割台へぐっと下がるのも特徴で、おそらくは読解力の低さから、テキスト量の増加に伴い時間的余裕がなくなり、合格へ至らないのでしょう。

もう1つの点は、語彙やイディオムが相当増えることです。受験者にとっては馴染みの薄い表現や語が次々と出てくるので、面食らってしまうのでしょう。そこで世間一般的に準2級では単語やイディオムの丸暗記が推奨されたりするわけです。

しかし、前章で触れたように、直接法で英語を身につけてしまえば、英単語を日本語の訳ではなく、イメージで身につけるので、1つひとつのイディオムに振り回されることはありません。

準2級は直接法で「生活言語」レベルの英語を身につけてしまえば、あとは読解力を育てていく過程で自然と合格できるレベルです。

次に2級へ進めましょう。2級の問題はこんな具合です。

“Groups of people demanded that the government should (　　) increasing the amout of tax.”

選択肢(cease, adore, invent, bet)。

日本語に訳すとこうなります。

「人々は政府が税金を上げることを(　　)べきだと要求した。」

選択肢(やめる・敬愛する・発明する・賭ける)。

2級で要求される語数は6000語ほどですので、日本語では小学2年程度です。

これも語彙が増えていく中で自然と解決できるレベルの英語でしょう。

4 「学習言語」レベルの準1級とそれ以上の1級とは

◉準2級の次の目標は「準1級」

本書では小学生向けの英検のゴールをとりあえず準2級にしていますが、それはあくまでも「当面」のゴールです。準2級は言わば「使える英語」すなわち「生活言語」を身につけた証しに過ぎません。

小学生のうちに準2級を取得すれば、中学受験にも有利ですし、準2級をクリアしていれば、「生活言語」レベル、つまりほとんどの日本人がクリアできない英語の壁をクリアしていることになるので、そこから先の英語学習はスムーズに進みます。

英語学習に最終ゴールはありませんが、準2級の次の目標は準1級です。

準1級を取るほどの英語力があれば、大学入試はもちろんのこと就職・昇級・転職など、日本におけるあらゆるシーンで必要とされる英語を身につけている人であると判断されます。

そして、さすがに**高校生で0・2%ほどしか到達できない準1級の問題はそれ相応に難しい**ものとなります。大体以下のようなレベルです。

"The couple was able to（　　）a difficult situation and eventually got married."

選択肢（pull through, phase out, cough up, take after）。

日本語に訳せば、「2人は困難な状況を（　　）ことができ、やがて結婚した。」

選択肢（切り抜ける・廃止する・支払う・似る）。

このように英語がわかってしまえば、ビックリするほど難しい内容ではありません。長文なども、長くなる分、文脈からより正確に意味がわかるようになります。

ただし、別の側面もあります。準1級の場合、逆に前半の語彙やイディオムの問題が文脈からは判断できず、単語を知っていなければならない問題も多くなるので、幼児期に英語を身につけてしまった人でも、準2級や2級のように軽々と合格できるものではなくなります。

しかし、語彙が乏しい小中学生でも、準1級とて攻略できない範囲ではありません。

なぜなら、準1級は86問と問題数が多く、3分の2の57点あたりが合格ラインだとすると、長文、英作文とリスニングの61点満点で稼いでおけば、語彙問題で相当失敗しても合格できるからです。

やはり、**早期の英語学習のスタートで自然に身につくリスニング力、その後の読解力育成で身につく直感的な長文理解などをもってすれば、語彙はそこそこ、文法もほどほどでも、英検準1級合格には限りなく近づくのです。**

1級に関してはここで触れることは避けておきます。1級ともなると、これは親がどうこうできるものではなく、子ども本人が意識的に多読するなどの学習をする必要があります。

ただ、準1級まで持っている子であれば、1級には「やる気次第」で手が届くことだけは付け加えておきましょう。

英検で求められるのは文法知識や語彙そのものではなく、それぞれの級のレベルに応じた総合的な英語力です。

つまり、**繰り返しますが、英語ができれば英検には合格できる**のです。

それでは次章以降、英語の本格的な開始年齢ごとに、どのような学習法が適しているのかを具体的に見ていくことにします。

第4章

幼児期から始める英語「超効率」勉強法

この章の SUMMARY

- 幼児期に英語を身につけるなら、音声を家庭内にBGMとしてかけ流すのがお勧め。1日90分控えめのボリュームで。

- かけ流しによって単語を切り出して聞き取る「リズム回路」ができれば、仮の語彙が増えていく。そこにフラッシュカードなどでイラスト（意味）を与えると、語彙（単語）となってどんどん蓄積されていく。

- 仕上げは「絵本の暗唱」。親が何度か読み聞かせると、やがて、言いやすい部分をぽつりぽつりと口に出す。その音声と絵本の中の文字が一致することで「読み」が始まり、読解力が身についていく。

1 一に入力、二に入力。英語音声の環境を作ろう

◉赤ちゃんの脳内に英語の「リズム回路」を作る

運良く幼児期に英語教育をスタートできるなら、**一番効率的なのは英語の音声を家庭内でBGMとしてかけ流す方法です。**

この方法では、英語圏に生まれた赤ちゃんが周囲の英語を耳にしながら英語を身につけていくような、あるいは留学生が英語漬けになることで英語を身につけるような、そんな環境を日本に居ながらにして人工的に作り出していきます。

赤ちゃんは生まれて半年から1年足らずで、母語の聞き取りができるようになります。同様に英語の入力も半年から1年ほど続けると、単語の切り出し能力を身につけます。私は**その英語の聞き取り能力を「リズム回路」と呼んでいます。**

私たちが英語を聞き取れない理由に、英語の音韻知識（音の仕組み＝「リズム回路」）

がない点が挙げられますが、幼児たちは英語を聞き流すことで、それを身につけます。

日本語には母音は5つしかありませんが、英語には短母音だけでも11あります。日本人は5つの母音の知識で英語の11の母音を聞き取ります。**英語では意味が変わってしまう母音の差が、日本人の耳には区別されずに処理されてしまうのです**（この点に関しては第6章のフォニックスのところで、さらに詳しく述べます）。

しかし、**幼児たちは1年も英語を耳にし続ければ、わざわざ教えなくても、日本語と違う英語の「リズム回路」を身につけてしまいます**。日本語の5つの母音ではなく11の母音で英語を聞き取るようになるのです。


1年というと、長いような気がしますか？

いえいえ、そんなことはありません。中学校から6年、10年と頑張っても、英語の「リズム回路」はいっこうに身につかないことを考えれば、たった1年間、しかも音声をかけ流すだけで英語を聞き取れるようになることは、本当に夢のようなことです。

もちろん、これは幼児期にのみ適した方法であることを付け加えておきます。

4-1 英語の母音を日本語で聞くと……

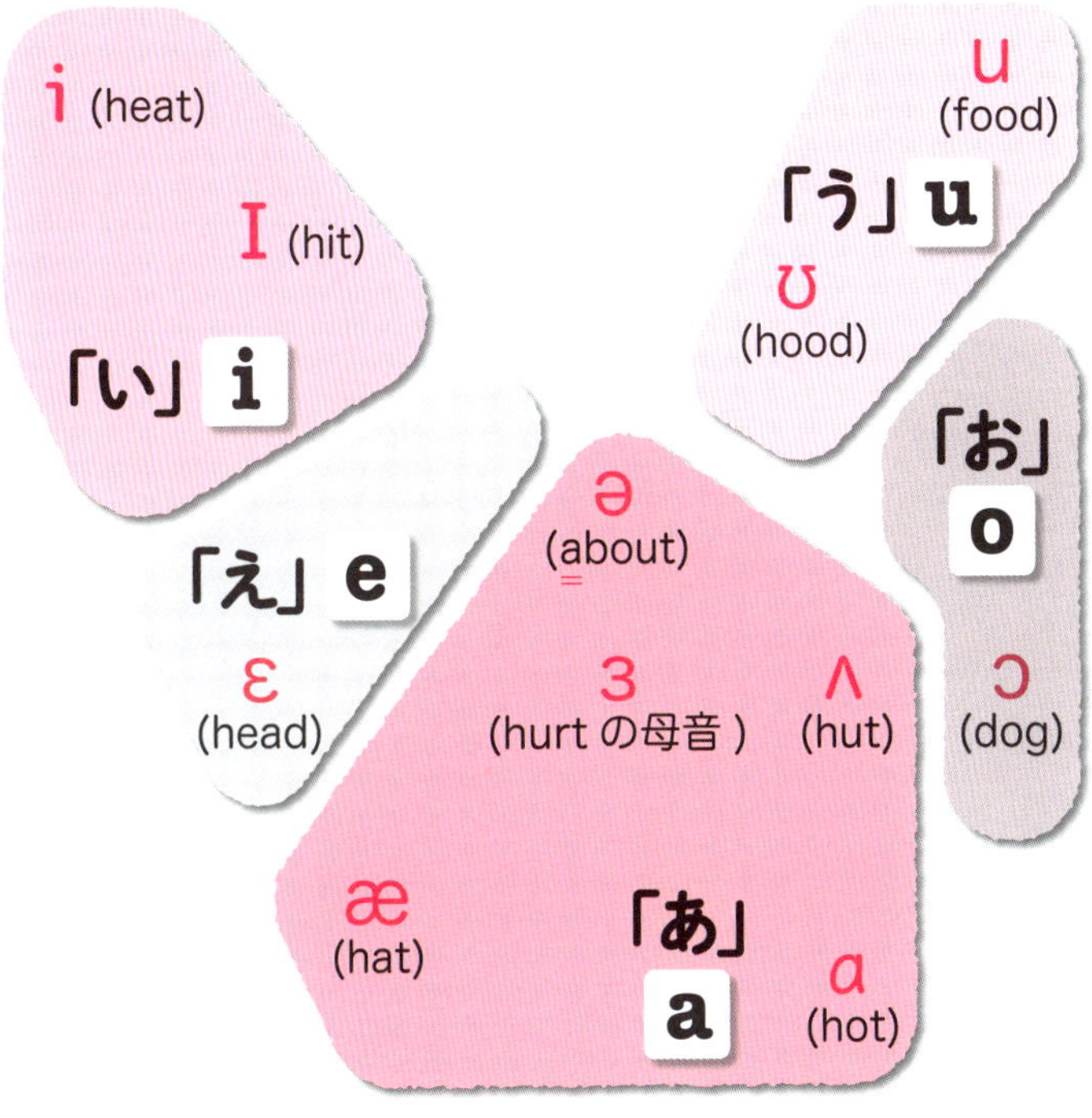

英語（米語）の短母音は11の音があるのに対して、日本語には5つの母音しかない。
とくに、hat [hæt] や hot [hɑt] さらには hut [hʌt] は日本語の母音で分類すると、すべて「あ」になってしまう。
「帽子」も「熱い」も「小屋」も別の語として区別されないのである。

◉聞き取った英単語を「仮語彙」として蓄積する

英語ができない人の耳には「英語らしい音」としか響いてこない音声も、「リズム回路」を身につけると、英単語の連続として耳に入ってくるようになります。

この聞き取りができるようになると、幼児は聞き取った「英単語（らしき音の塊）」を次々と記憶していきます。

この段階では「英単語（らしき音の塊）」に、まだ意味は付いていません。ママや家族が繰り返し口にする耳慣れた音の塊ですが、意味が付いていないことから、私はこれらを「仮語彙」と呼んでいます。

赤ちゃんは英語の「リズム回路」を身につけて英語を聞き取れるようになると、聞き取った英単語を次々に「仮語彙」として蓄積していくのです。

そのための英語環境を作る必要がありますが、母語獲得の環境を参考に入力量を決定していきます。

核家族に生まれた第一子が耳にする母語の音声量が大まかに言って1日90分相当の量です。もちろん、それよりも賑やかなご家庭もあれば、物静かなご両親もありますが、**90分もあれば最低限の音声の入力は達成されます**。英語音声のかけ流しは1日90

分を目安にするといいでしょう。

◉音声をBGMのように控えめのボリュームでかけ流す

1日90分はトータルの時間ですので、三度三度の食事のたびに小まめに分割して流しても構いませんし、起き抜けにまとめて一気に90分流しても構いません。

ただし、かけ流しは生活の一部にする必要があるので、**習慣づけしやすい時間帯を選び、日々の生活リズムに組み込む必要があります**。夕方や夜は慌ただしいので、比較的余裕のある朝方がお勧めです。

ボリュームは控えめで、**耳を傾ければ内容が聞こえるが、賑やかだと少し聞きにくい、そんな程度で十分です**。BGMと考えて下さい。

男子の兄弟は賑やかなので「聞こえないのでは？」と心配して、どんどんボリュームを上げてしまうご家庭がありますが、これでは「英語嫌い」に育ててしまうことになりかねません。

BGMとして控えめのボリュームで、1日90分を目安に英語を入力しましょう。

4-2 英語のかけ流しの習慣づけ ～習慣化が命～

1日90分

- 食事ごとに小分けでもOK
- 午前中のひとり遊びのときや お昼寝後にまとめてもOK

習慣づけしやすい時間帯を選ぶ

- 起き抜け
- 食事の準備中
- 朝昼晩の食事のとき
- 帰宅後

BGMとして

- 食事中
- プリント学習のとき
- 絵本読みのとき

①テレビは消す!
②ボリュームは控えめ!
③楽しく聞かなくてよい!

2 かけ流しの質と内容とは～家庭内英会話、歌、絵本、単語

◉子どもは繰り返しと新しいものの両方が好き

1日わずか90分、英語の音声をかけ流すだけで、英語が聞き取れるようになれる。そんな夢のようなかけ流しですが、英語なら何でもかんでも流せばOKというわけではありません。**かけ流す内容は注意深く選ぶ必要があります**。

そこで、次に入力の内容（質）に目を向けましょう。

与える内容についても、赤ちゃんが育つ家庭環境から導き出します。

赤ん坊が母語を身につける過程で最も多く耳にするのは、言うまでもなく母親や父親の語りかけとそれに対する反応です。つまり、母親と子ども、または父親との「家庭内英会話」が最も重要で欠かせない要素となります。

かけ流しにはいくつかのルールがあります。

「家庭内英会話」のかけ流し1年間で「リズム回路」を身につけて、その後「仮語彙」を増やしていきますが、その間同じものばかり流していてはいけません。また、逆に新しいものを次々と与えるのも避けた方がよいのです。

幼児の音声に対する特徴として、第一に「繰り返しを好む」点が挙げられます。

絵本など与えると、同じものばかり繰り返し要求することがありませんか？　赤ちゃんや幼児期には、すでに知っているものを繰り返し見聞きするのが大好きなのです。また、母親の幼児に対する語りかけというのは、驚くほど繰り返しが多いものです。その繰り返しの中から子どもたちは、「リズム回路」や「仮語彙」を獲得するのです。

幼児期の音声に対する特徴のその二として、「新しいものに興味を示す」点が挙げられます。一見矛盾しているようですが、幼児たちはその両者の間で揺れています。

幼児は「繰り返しを好む」のですが、しばらくすると飽きてしまいます。

幼児を対象としたさまざまな心理実験がありますが、それらを見ても、新奇情報にはグッと高い関心を示し、旧情報には反応を示さなくなることが観察されています。

つまり、新しい音声を与えると幼児はそれに関心を示す。そして、繰り返しが好き

4-3 子どもは繰り返しと新しいものの両方が好き

① 基本「繰り返しが好き」

絵本　遊び　歌　ことばがけ

「もういっかいよんで」「もういっかい」
「もっと」と繰り返しを好む

② でも「新しいものが好き」

絵本　DVD　おもちゃ

定期的に繰り返すと飽きてしまう。
そして見向きもしなくなる。

★だから新しいものを与える

すると繰り返しが好きだから①に戻る

くりかえし

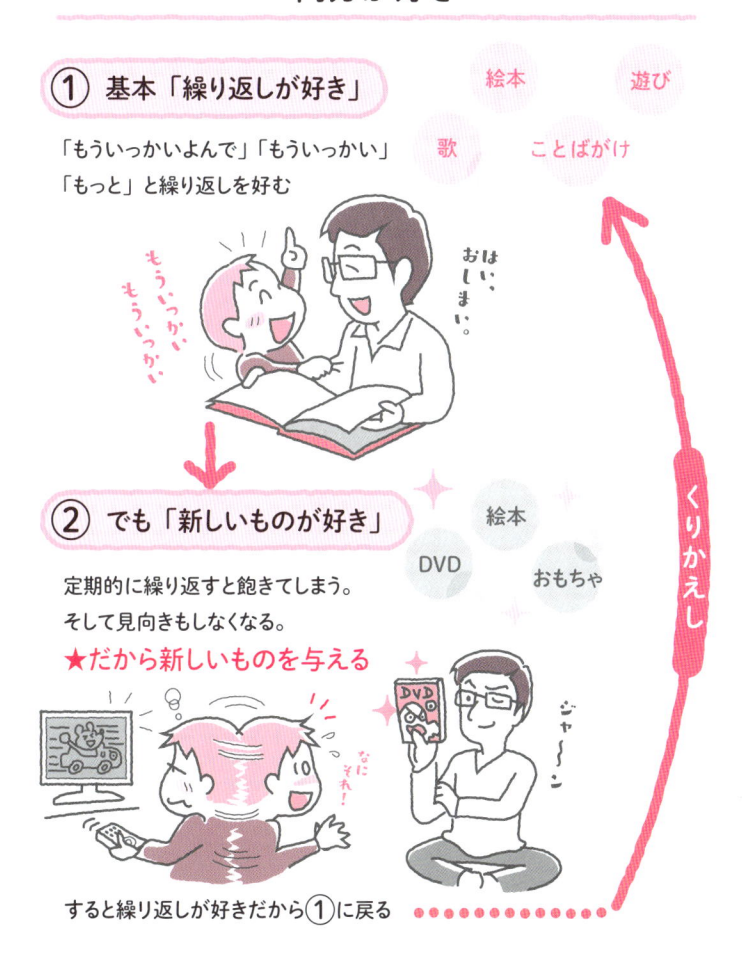

なので、一定期間は繰り返しの入力を好む。しかし、一定期間を過ぎると情報としてはマスターしてしまって関心を示さなくなる。そこで、新しい情報を与えると再び関心を示す。

1か月程度を目安に、新しい教材に入れかえるパターンを家庭内に作り出せばよいのです。

◉歌や絵本なども活用してまんべんなく入力する

さて、引き続き入力内容を検証しましょう。

「家庭内英会話」と並んで、英語の入力として必要なものが「歌」の存在です。日本ではわらべ歌ですし、**英語圏ならマザーグースです。**これも、家庭内会話と同様に、同じものばかりでは飽きてしまい関心を示さなくなるので、定期的に新しい歌を加えていく方がよいでしょう。

西洋の楽曲の中でも、特にマザーグースはこのあと触れる「読解力」の取っかかりとなる「押韻（ライミング）」がふんだんに含まれているので、これも幼児期の英語教育には欠かすことのできない要素です。

さらに、**幼児の言語獲得期になくてはならないものが「絵本」**です。

絵本の効能に関しては、「読解力育成」の項目でさらに詳しく触れていきますが、読解力を育てる以外にも、基礎概念の入力ツールとしての効果が期待されます。

色、形、数、さらには文字、曜日、月、季節、天候などなど、生活に必要かつ日常会話に密着したさまざまな概念の入力には絵本がピッタリです。

同じく**幼児から小学生まで情報の入力に威力を発揮するのが、「フラッシュカード」による単語の入力です**。

これに関しても次項の「語彙化」のところで詳しく触れますが、かけ流しにフラッシュカードも含めておくことで、まだ英単語の切り出しができない、「リズム回路」を身につけていく時期の子どもたちでさえ、「語彙」をダイレクトに入力できるのがメリットです。

基本の「家庭内英会話」、押韻の「歌」、基礎概念の「絵本」、仮語彙の「単語」、以上の4つの要素をまんべんなく入力できるように環境を整えましょう。

4-4「超効率的」な英語入力の進め方（4つの要点をまんべんなく入力する）

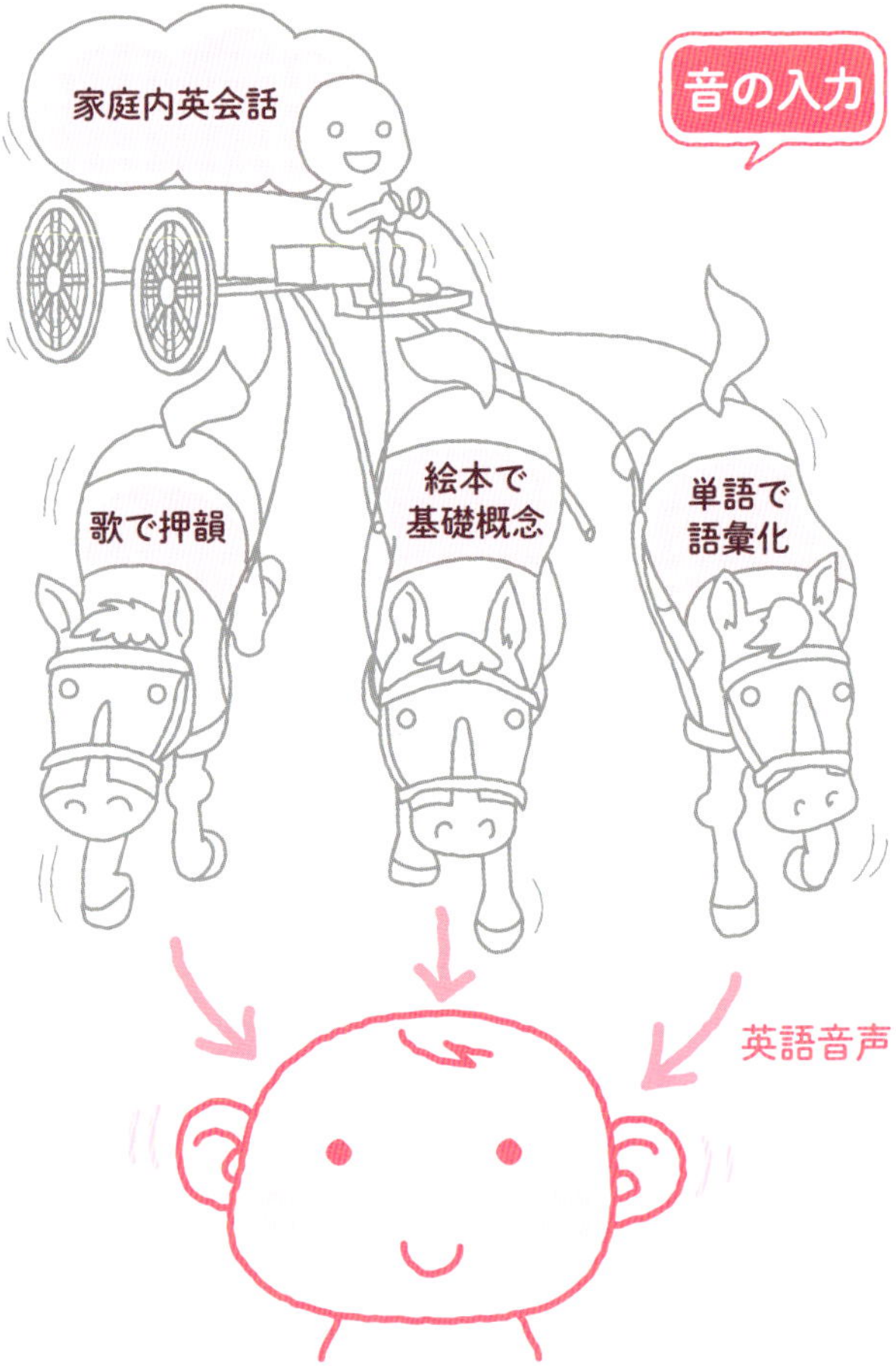

3 子どもの英語勉強で避けた方がいいこと

◉視覚からの入力に偏らないように

世の中にはさまざまな子ども向け教材があります。キャラクターものや子どもに媚びるようなキャラキャラしたものが多いのですが、**最も自然な入力は母親の語りかけや家庭内の英会話です**。まずこの点をしっかりと押さえておきましょう。

また、耳からの入力をメインにしましょう。視覚教材に偏らないことが賢明です。

視覚に訴える教材の特徴は、音声のかけ流し教材とはずいぶん異なります。かけ流し教材は、慣れてしまえば聞き流すことができるようになります。そして、**大切なのがこの「聞き流すこと」なのです**。集中して聞くのも悪くはありませんが、幼児期の言語獲得になぞらえると、赤ん坊は常に集中して周囲の会話を聞いているのではありません。彼らは、周囲の音声を意識せずに聞き流しているのです。

無意識に聞き流すことで、幼児期特有の優れた言語獲得能力のプログラムのスイッチがオンになります。

集中して聞き入る必要はありません。そして、これが幼児期の英語の音声入力の基本中の基本です。音声を「聞き流すこと」で無意識のうちに学習は進んでいきます。

その点、**視覚情報はなかなか聞き流すことができません**。

アニメなどは子どもたちが集中して見てくれます。もちろん、それはそれで大変結構なことです。

ただし、入力の面からすると、問題が少なくありません。

映像は、数回から10回以上、あるいは20回も見ると飽きてしまいます。飽きて見てくれなくなると、そこで入力はストップです。せっかくのビデオも、それを見てくれない我が子に無理強いするわけにもいかないので、親は入力をやめてしまいます。

また、**アニメなどは音声のみの教材に比べて、入力内容が乏しい可能性が低くありません**。音に注意してアニメを見てみるとわかりますが、音楽や効果音などがとても多く含まれていることに気づかされます。

4-5 目からの入力と耳からの入力を比べてみると

	目から	耳から
	意識的 ＝ 見ないと入力にならない	無意識的 ＝ 聞き流しで大量入力可能
メリット	・興味を示す ・口から出やすい ※親から見て学習が感じられる	・「～ながら」で大量入力可能 ・集中しなくてもよいので時間効率が高い ・視覚情報がないので情報が豊富 ※大量入力が楽
デメリット	・飽きる（飽きたら終わり） ・入力（情報量）が少ない ・断片的な情報 ※入力量が少なく継続が難しい	・口から出にくい ・興味を持っているかわからない ※親が成果を感じにくい

すぐに何かの成果を求める親には目からの入力が心地よいが、それは大量入力にはならず、結果として英語の獲得に至らないケースが少なくない。

また、アニメなどの特徴として映像から情報が伝わるので、わざわざ言葉にして表現しなくても済んでしまうという点でも問題を孕《はら》んでいます。

たとえば玩具店の前で子どもが「その真ん中の棚に置いてある熊の人形が欲しい」といわなくても、熊の人形を指さして「それが欲しい」と言えば済んでしまいます。**映像があることによって、「こそあど」など指示語が増えたり、詳細を省略できてしまう**のです。


映像には、飽きてしまうと入力が止まってしまうこと、映像で伝わるので音声の情報が少なくなること、さらには言語自体が断片的になるというデメリットがあります。これらの点が映像より音声のみで入力した方が効果的である理由です。

もちろん、映像による学習はとても効果が高いことは言うまでもありません。ただ、どちらかと言えば、**それは入力ではなく、出力やこのあと説明する「語彙化」において威力を発揮する**のです。

入力は音声を中心に進めましょう。

◉音声の入力で避けたい3つのポイント

音声の入力に関して、あといくつか注意点を述べておきます。

第一に、**反応を求めないこと**です。英語の音声を子どもが喜んで聞くことはまれです。あくまでBGMとしてかけ流すことで、「リズム回路」を身につけさせるのが目的です。子どもが喜ぶことが目的ではないので、気をつけましょう。

第二に、**学習効果を求める余り、子どもにリピートさせる親御さんもいますが、これもよくありません**。繰り返しますが、「入力」されればよいので、この段階で「出力」する必要はないのです。

もちろん、子どもが聞いた内容を自然と口にするのは構いませんが、リピートなど出力させることによって、自然な獲得ではなく「お勉強」という意識が働いてしまうことになりかねません。プロローグで紹介した「心理的ブレーキ」の弊害を思い出してください。

最後に、これは重要ですし、何度も繰り返していますが、**日本語を入れないことです**。「直接法」では日本語を与えることは御法度でしたよね。

たとえば、'strawberry' という音声を、まずはかけ流しで入力します。あとはフラッシュカードで'strawberry'の絵も見せます。それで、'strawberry'の「語彙化」は完了です。これ以上は何も必要ありません。

しかし、間接法的な学校教育に慣れきってしまっている大人の感覚だと、どうしても「'strawberry'はいちごよ」と日本語を添えたくなってしまうのです。

赤い三角錐状の果物の絵に'strawberry'という音が対応するのが英語の回路です。そこに日本語が入る余地など本来ないのです。

幼児期に直接法で英語を身につける子たちは、英語を英語として身につけているので、彼らの中で英語が日本語と対応していないことが珍しくありません。

つまり、英単語を見せて、「どういう意味？」と聞いても、もちろん意味はわかっているものの、日本語訳を答えられないことが多いのです。

過去にこんなことがありました。

小1で英検2級に合格した子が小学校の「外国語活動」の中でALTが発した'busy'という単語の意味の説明を、担任の先生から求められたことがありました。

ところが、その子は直感的に'busy'に対応する日本語訳が思い浮かばなかったの

4-6 子どもの英語獲得で避けたい3つのタブー

POINT ❶ 反応を求めない

- ✖ 楽しくなくてよい
- ✖ 喜ばなくてよい
- ✖ 表面的な反応は「入力時」に求めない

POINT ❷ リピートさせない

- ✖ 言わせない
- ✖ わかっているかたずねない
- ✖ 発音を直さない

POINT ❸ 日本語を入れない

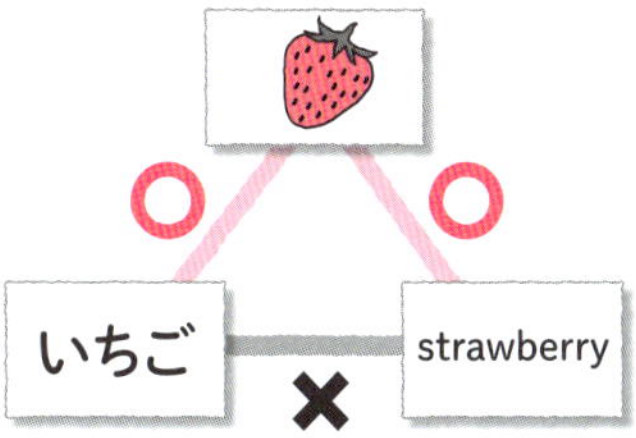

- ✖ 意味を理解しているか確認しない
- ✖ 説明しない
- ✖ 訳さない（聞かれてもです）

です。

そして、「ママはいっつも'busy'」「お洗濯やご飯の準備で'busy'です」と言った辺りで、ようやく「忙しい」という単語が出てきたということでした。

バイリンガルの頭の中では、日本語と英語の単語は一対一のペアを作ってはいません。「英語は英語で」が「直接法」ですので、日本語を差し込むのは控えることにしましょう。

ちなみに、**子どもから「どういう意味？」と聞かれても「さぁ」と答えておけば結構です**。「ママにはよくわからない。どういう意味だろうねぇ」と答えておくことで、母語と同じように英単語を自然と「語彙化」させることが可能となります。

「語彙化」の話が出たところで、引き続き、「語彙化」とそれに関わる「出力」について見ていくことにしましょう。

Learning materials

教材コーナー①
教材の選び方

インターネットのおかげで英語のアニメなどへのアクセスは飛躍的にカンタンになりました。そのあたりの入り口もうまく活用するとよいでしょう。「Learn English Cartoon」等のキーワードで検索すれば、いくらでも出てきます。

たとえば"Daniel Tiger's Neighborhood"とか、定番では"Caillou"などが挙げられるでしょう。前者は面白いと言うよりはかなり教育的です。"Sesame street"のアニメ版といった感じです。後者は家庭内会話がふんだんなので、かけ流しにはより適しています。

もちろん、その他にも娯楽要素のたっぷりのアニメもありますので、楽しむ分にはリソースには事欠きません。

ただし、**ここまで説明してきた映像による目からの入力のデメリットも考慮して映像は控えめに、音声中心の入力を心がける**とよいでしょう。

またマザーグースや基礎概念についても“Mother goose video”“learning colors, shapes, Alphabet, numbers”などで検索すれば、映像コンテンツがいくらでも出てきます。

ただ、これらも言語情報は意外と少なく効果音が多すぎるというデメリットがあります。やはり基本は音声での入力が効率がよいでしょう。

入力用の音声、マザーグース、絵本などに関しては、私どもが開発した『パルキッズ』プログラムからサンプルへのリンクを貼っておきます（前ページのQRコード参照）。それらの映像や質を基準値として参考にしていただければよいでしょう。

4 仮語彙から語彙へと脳に定着させていく

◉仮語彙を本当の語彙にする「フラッシュカード」

さて、英語音声の「直接法」による「入力」によって、幼児たちは英語を単語の連続として聞き取れるようになり、さらには「仮語彙」も豊富にしていきます。

これは母語で言えばおおよそ生後半年から1歳半くらいまでの間に起こることです。**英語の場合には、少し多めに見て、最初の1年で「リズム回路」ができて、2年間のかけ流しで「仮語彙」が蓄積されていく**、と考えておけばよいでしょう。

ただ、仮語彙と言っても、最初の2年間、全てが仮語彙のままではありません。音声の入力に併せて、視覚からも入力することで、仮語彙を語彙化することができます。**「語彙化」に最も効果的な手法は「フラッシュカード」です**。また、音声だけ繰り返し聞かせた「家庭内英会話」のテキストや「絵本」なども、見せることによって、意味が繋がっていきます。

先ほど、「映像は控えめに」とお伝えしました。本当に控えめでよいのです。先行して音声をたっぷり入力して、その後に映像を与えると、ほんの数回見るだけで幼児たちはあっという間に意味を理解し「語彙化」してしまいます。

◉1枚のフラッシュカードは数回見せれば十分

動詞や前置詞などと異なり、名詞は境界がハッキリしています。「いちご」でも「机」でも「男の人」でも「電車」でも、他のものとの境界がボンヤリしていることはありません。そして、境界がハッキリしているのですぐに理解できるのです。

心理学では「即時マッピング」などとも言われるようですが、幼児たちは音の仕組みがわかるようになり、音として蓄えられているものに対しては、何度かそのイメージを見るだけで、数回どころかそれこそ1回見るだけで語彙化してしまうそうです。

これはすごい能力です。この能力を有効に活用するために、フラッシュカードは幼児期の教育とは切っても切れない関係にあります。

フラッシュのカードの見せ方ですが、1つは、ご自身でお子さんに向かってカード

4-7 英語の仮語彙から語彙ができるメカニズム

“Do you like apples?” “Yes, I do!” “Hush my baby, on a tree top.”
“There are four seasons, spring...” “dog, cat, pig, blue...”

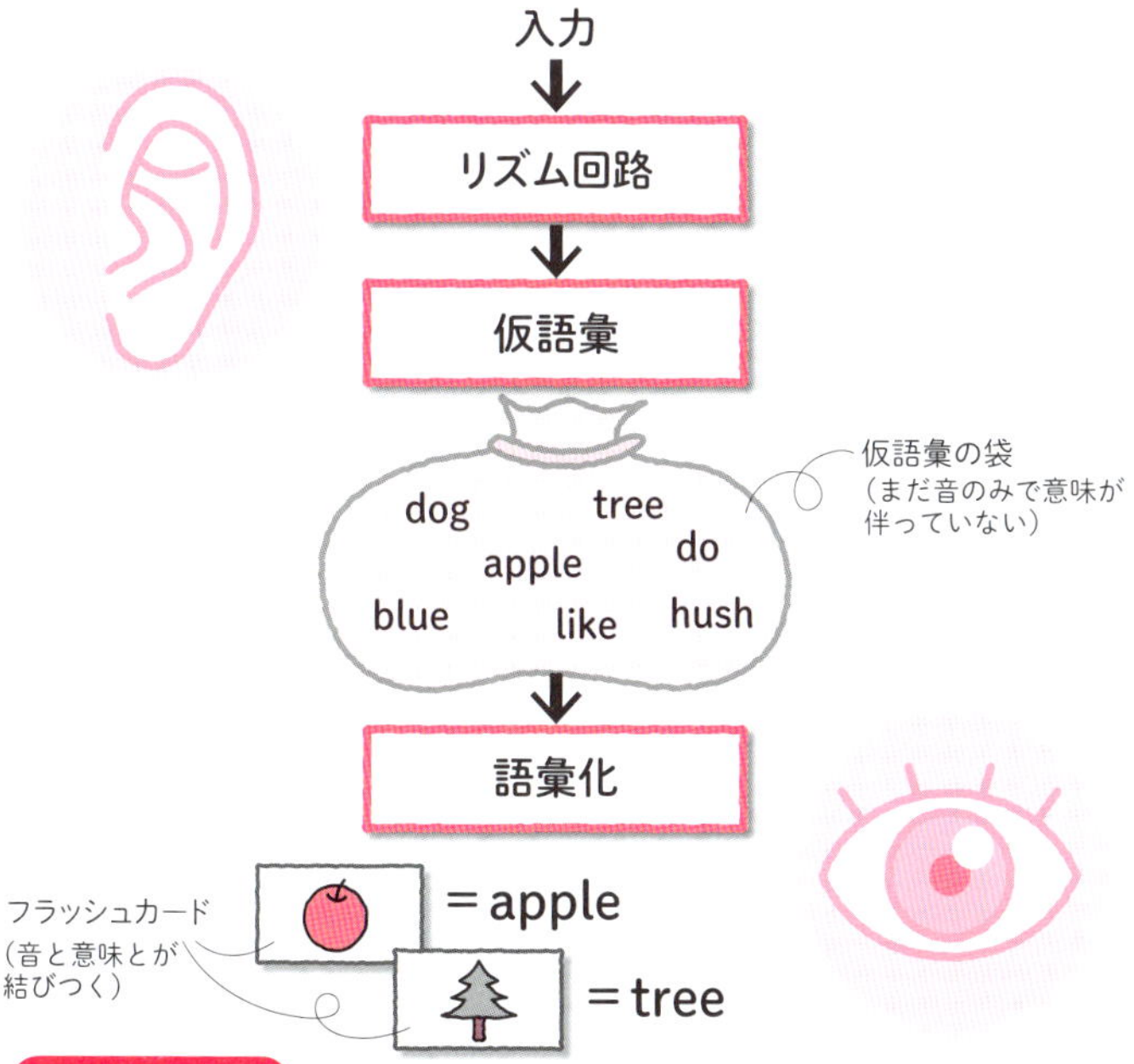

即時マッピング

意味（対象物）と記号（音声や文字）を結びつけること。
音を聞き、知っていれば対象物とすぐ結びつくし、
対象物を見知っていれば、音声を与えることですぐに語彙化される

をめくってあげる方法が考えられます。いくらでも市販されていますし、手作りされる方もいるようです。

繰り返しは、それほど必要ありません。**十分な音声入力によって、「仮語彙」となっていれば、1枚のカードは数回見せるだけで十分です**。また、1回の取り組みでは50枚も見せれば十分でしょう。

一般的な幼児教室では1レッスンで500枚ほど見せるので、子どもが見たがるようであれば、もっと見せてあげても構いません。

ただし、フラッシュカードは、慣れないと落としてしまうことがあります。また、めくることに夢中になっていて気づけば子どもは知らん顔、ということもあります。そんな場合には映像によるフラッシュが効果的ですし、手間暇いらずです。

家庭内英会話や絵本もテキストがあれば、たっぷり音声入力した後に、数回見せてあげれば、すぐに内容は理解してしまいます。

フラッシュカードも絵本も、各種テキストも、肩の力を抜いて見せることが大切です。「見てくれない」ので躍起になって見せようとしても、どうにもなりません。

これも、ムキになってしまえば、英語嫌いへの扉を開きかねませんので、入力中心に、ところどころ見せてあげるくらいがちょうどよいでしょう。

◉スペルも同時に見せていく

フラッシュカードについて、最後に1つ付け加えておきます。

幼児期に身につけた英語は、読解力まで育ててしまって英検準2級にとりあえず合格させましょうね、というのが本書で提唱する1つのゴールですが、その「読解力」の準備段階として、フラッシュカードの効果的な使い方があります。

それは、**対象物のイラストだけではなく、せっかくなのでスペルも同時に見せていくことです。**

'strawberry' と言いながら「いちご」の絵を見せると同時に、または直後にスペルの 'strawberry' も見せてしまうのです。

もちろん、読ませる必要はありません。子どもは直感的にイメージを記憶するのが大得意です。その能力は文字にも発揮されます。つまり 'strawberry' という綴りを絵として覚えてしまうことができるのです。是非スペルも見せて上げましょう。

Learning materials

教材コーナー②
フラッシュカード

フラッシュカードもインターネットで検索すれば、いくらでも出てきます。

ただ、すでに説明したように、ご自身でカードをめくって見せる場合は練習が必要なので、導入は慎重にしてください。また、実践前に必ず練習してください。

英語のフラッシュカードについては"English flash cards"で検索すると動画サイトもヒットします。ただ、日本語で検索すると日本語のサイトに当たってしまいます。英語で検索しましょう。

QRコードから私どもが開発した『パルキッズ』のプログラムに飛んでいただければ、サンプルへのリンクを貼っておきますので、フラッシュカードとはどのようなものなのか参考にしてください。

5 出力の不安をどう解決するか

◉入力したけれど「英語を口にしない子ども」が多い理由

教室や通信指導を通して子どもたちの英語教育に携わるなかで、**もっとも頻繁に投げかけられる質問が「出力」に関するものです。**

その多くは、「英語を口にしてくれない」「身の回りの簡単なものすら英語で何と言うか覚えていない」など、「口にしない」ので「覚えていない」といった悩みです。

両方とも出力に関わることです。結論から言ってしまえば、「口にしない」のは当然のことで、実は「覚えていない」のではなく、口にしないだけのことなのです。全くもって心配には及ばないことです。順を追って説明しましょう。

「英語を口にしない」のはなぜでしょう。それは「英語を口にする必要がないから」です。

子どもたちは成長する過程で日本語を口にしますが、それは意思や要求を表示したり、コミュニケートするにあたり、その段階で身についている「日本語」を使っているからです。

日本語を身につけていく過程で意味なく日本語を話し出すのではありません。コミュニケーションの必要や欲求、あるいは無意識の練習のために日本語を使っているのです。

つまり、日本にいる限り、日本人の家庭に育つ限り、コミュニケーションに使われる言語は、「日本語」であるのが普通です。いくら英語が身についているからといって、日本人の母親に英語で話す必要はありません。

ちなみに、私も家族も英語は使えますが、家族の会話は日本語のみです。もちろん、1人でも外国人が加われば、すぐに英語に切り替わります。

ヒトの行動には「経済性原理」が働いています。これによると、ヒトは必要のないこと、ムダなことは最小限に抑えようとします。つまり、**英語は身についていても、使う必要がないので、口にしないまでのこと**なのです。

この点に気づかないと、巷にあふれる幼児向けの英語教育のようになります。

つまり、リピートして言わせたり、定型のやりとりを教え込んでそれを出力させて、良しとする考え方です。**これらは本当の英語力ではありません**。決まったやりとりができるだけのことで、無限に広がる英語の世界の理解には役立ちません。

◉英語を身につけている子どもなら必要があれば話す

こうした「英語を口にしてくれない問題」を講演会で話したところ、とあるお母様からこんな質問がありました。

「先生の言うとおり、必要がなければ英語を口にしないと思い、ハワイに連れて行きました。ところが、レストランでも注文してくれないし、カンタンな受け答えがせいぜいです。デイケアでも英語で話してくれなかったんです!」

でも、よく考えれば当たり前です。そのお子さんは当時7歳とか8歳です。そんな年齢の子は日本のレストランでさえ、自分で注文することはしません。親が注文するのが普通です。

4-8 うちの子どもはバイリンガル!?

うちの子はなぜ英語で話してくれないのかしら？
話さないってことは英語が身についてないのかしら？
そうだ！　私が英語で話せばいいんだ！

some milk?
牛乳じゃなくてジュース
Oh, apple juice?
リンゴジュースおいしい！

後日ハワイに行ったとき……

Do you want
some more soda?
Yes, please!
なんでわかっているのかしら？

【結論】

バイリンガルとは日本語で話すべき相手（つまりママ）には日本語で、英語しかわからない人（ウェイター・ウェイトレスさん）には英語でと、相手によって言語を使い分ける人のことです。

また、デイケアで話してくれないという点に関しては、詳しく聞いてみると、最後に別れるときには、お友だち（らしき地元の子）と楽しそうに話をしていたそうなのです。

このように、必要があれば英語は話すのです。**英語を身につけるということは、時と場所を選ばずに英語で話すことではありません**。バイリンガルになるということは、必要に応じて日本語と英語を使い分ける人になるということなのです。

●子どもは大人が思う以上に賢いもの

次に、「覚えていない」件に関してです。

みなさんは、テストが好きでしたか。私は別段嫌いではありませんでしたが、しなくて済むなら、そう願いたい類いです。

また、人に試されるのは好きですか。「これわかる？」「あれ知ってる？」とあからさまに質問されるとうんざりしませんか。

子どもも同じです。英語はどんな子でも身につけられます。しかし、そもそも日本では英語を普段使いする必要がないわけです。そんな英語に関して「これはわかるか」「あれを知っているか」と日本語で尋ねられれば戸惑うのは当然でしょう。

とあるお母様からこんな話を伺いました。

「（郊外の大型ショッピングモールで）英語のイベントがあり、外国人と子どもたちが触れあっていました。

よいチャンスと思い息子をその列に並ばせて外国人と話をさせたところ、英語ではなく日本語で答えていたのでショックでした」とのことでした。

よく聞いてみると、外国人が"What is the color of your shirt?"という質問をしたのに対して、その子は「青」と答えたそうなのです。これをみなさんはどう思われますか？

この子は英語ができないのではありません。それが証拠に、まず相手の質問を正しく聞き取り理解しています。しかし、この子は混乱します。

「僕は'blue'のシャツを着ているけど、そんなの見ればわかること。この人は何が知りたいのだろう？　日本語で'blue'を何と言うのか尋ねているのだろうか？」とでも考えたのでしょう。そして、「青」となるわけです。

第3章の「英語好き？」のところでも触れましたが、**母語のように英語を身につけてしまえば、その子は英語のネイティブの子たちとなんら変わらない**のです。

つまり、イベントの外国人による質問は、日本人の子に「君の着ているシャツは何色？」と聞いているようなものなのです。

そんな奇妙なシチュエーションは、日常的な母語使用の中ではめったに起こりません。英会話という特殊な世界に限られることなのです。

●不安を解消するためにも読解力の育成を

幼児期に直接法で英語を身につけた子にとって英語は思考の道具であり、コミュニケーションのツールです。

彼らに、いわゆる英会話的な取り組みはカンタンすぎることが多いので、直接法での英語教育を実践されるなら、是非心に留め置いてください。

また、英語の内容に関して「これわかる？」と日本語で尋ねたり、「これなんて言っているかわかる?」などと日本語で説明させるようなことも避けた方が賢明です。

それでは「英語が身についているかどうかわからないじゃないか」という声が聞こえてきそうですが、大丈夫です。

次の段階、つまり読解力が身につくと、それまでの心配は吹き飛びますので、ご安心ください。**現に幼児期の英語教育に否定的なおばあさまやお父さまが、孫(子ども)が英検に受かった途端、英語教育に積極的になる**ことも珍しくありません。

それでは、子どもの英語力を確認できるステージとしての英検準2級をクリアするために必要な「読解力の醸成」について引き続き見ていきましょう。

6 絵本の暗唱で読解力を育てて英検準2級を目指す

◉読解力の後押しで「生活言語」から「学習言語」へ

英語音声の「入力」によって「生活言語」レベルの英語を「獲得」した後、**大切なのはそれを「学習言語」の域まで引き上げてやることです。**

そして、それらの架け橋となるのが「読解力」です。

読解力が身についていないためにせっかくの英語力が消えてしまった例も書きましたし、会話は必要がなければわざわざしないことも書きました。それら全てを解決してくれる「読解力」の育成は常に念頭に置くようにしましょう。

読解力の育て方にはいくつか方法があります。漢字の練習帳のように、正書法の練習で音と文字のペアで覚え、その綴りの知識を使って読んでいくのは、皆さん中学校などで経験済みの方も多いでしょう。

また、英語圏でよく使われるのが、すでに英語を身につけた子に対して、音と文字の関係をフォニックスやライミング（後述）などを通して教えていく方法です。

ネイティブのように英語を身につけさせる直接法で教えるならば、このフォニックスやライミングが効果的な印象もありますが、それよりもっと効果的な読解力の育て方があります。

それは「絵本を暗唱」させるやり方です。

●絵本は暗唱するうえで最も自然なツール

読解力育成法として絵本の暗唱を活用するのは、一般の国語教育や英語教育では行われていません。我々独自のメソッドです。

ただし、これは家庭内の言語（日本語）教育の一環として、ごく自然な形で行われていることです。気づかないだけで、おそらく、**本書を手に取るほど教育熱心なご家庭では、絵本の暗唱による読解力育成は知らず知らずのうちに実践されているはずです。**

その仕組みは、簡単です。

子どもは「繰り返しが好き」と紹介しましたが、絵本をたくさん読んであげるご家庭では、子どもたちは自然と絵本好きに育ちます。そして、お気に入りの絵本を繰り返し読むようにせがんできます。

子どもにせがまれるまま繰り返し読んであげると、こちらが読み進める前にページをめくることがあります。また、母親がいなくても1人で絵本をめくっていることがあります。

子どもたちは、母親による繰り返しの読み上げが入力となって、内容を覚えてしまいます。すると、母親が読んでくれなくても、頭の中で母親が読んでくれた音声が鳴っているのです。

また、絵本を読み聞かせていると、タイミング良く絵本の内容を口にすることがあります。これも、全体をすっかり覚えてしまっているから起こります。

ただし、**覚えていることと、正しく発音できることは、全く別のことです**。そこで、言えるところ、言いやすい部分だけをポツリポツリと口にするのです。

◉絵本の暗唱から文字を読み始めるメカニズムとは

さて、このように絵本を読んであげることを続けると、いつしか、1人でページをめくりながら、声に出して読んでいることがあります。

実はこの段階では読んでいるのではありません。そしてこの状態のことを**私たちは「絵本の暗唱」と呼び、この状態を作り出すように教材開発や指導を行っています。**

子どもたちは絵本のページをめくりながら丸覚えした内容を口にします。もしくは、黙々とページをめくっているのであれば、口にしないまでも頭の中で音が鳴っている状態です。

この状態を繰り返すと、あるとき変化が起こります。

ページをめくりながらスラスラと口にしていた内容がぎこちなく、つっかえつっかえになります。これは、**自分が口にしている音声と、絵本のページの中の一風景として溶け込んでいる文字が一致する**ことによります。文字の「読み始め」です。

すると、文字が気になってしまい、暗唱どころではなくなります。こうして次のステージの「拾い読み」へと進みます。つまり、ひらがなすら教えなくても読めるよう

4-9 暗唱から文字を読み始めるメカニズム

STEP 1 入力

Are you ready? Go!

●絵本の音声を繰り返しBGMとして入力

●1日1回程度読み聞かせる

STEP 2 暗唱

GO!

●絵本をめくりながら部分的に口にする

GO!

●遊んでるときに自然に絵本の内容を口にする

STEP 3 めくりながら暗唱

Are you ready? Go!

STEP 4 読み始め

Are・you・ready?・Go!
僕が言っていることがここに書いてある!
Are you ready? Go!

になってしまうのです。

このように読み方を身につけていく子は、決して少なくありません。もちろん、幼稚園や小学校まで読みに繋がらない子もいますが、絵本好きに育てて、**小さい頃から音声と共に文字のある環境を作ってやると、特に五十音を教えなくても、自然と読解力が身についてしまう**のです。

これと全く同じ効果を英語で導くことができるのが英語の「絵本の暗唱」です。

◉暗唱に向いている絵本を選ぶ4つのポイント

このように読解力を身につけさせるために適した絵本には、いくつか条件がありま す。

1つ目に、**「短い」こと**。長い文は覚えにくく、さらに理解もしにくいので、スッキリとした短文で作られていることが条件の第一です。

また、ページ数が長くても覚えにくいので、1冊10ページ前後から長くても十数ページのものがよいでしょう。

2つ目は、**「繰り返しが多い」こと**。

4-10 読解力をはぐくむ絵本とは

その1 文章が短いものを選ぶべし！

I crawl.　I jump...

その2 文章の繰り返しが多いものを選ぶべし！

Catch a train.　Catch a fish.　Catch a football.　Catch a snowball.　Catch a bus.　Catch a grasshopper.

その3 冊数が多い（シリーズ化された）ものを選ぶべし！

その4 入力用のネイティブ音声があるものを選ぶべし！

※QR コードを読んで実際のネイティブ音声を聞いてみましょう。

「いないいないばぁ」「ガタンゴトン」「きゅきゅきゅきゅ」「ドンドコドンドコ」などなど、頭に浮かぶ方も少なくないでしょう。

また、「○○れっしゃが通ります」「ついた！　○○の□□ちゃんだ」のように一部ずつ入れ替わっていくのも、繰り返しと考えて構いません。繰り返しは重要です。

3番目の要素は、**シリーズの「冊数が多い」ことです**。

10冊や20冊では、そこに出てくる語にも限りがあります。１００冊、２００冊と与えるうちに幼児が自然と音と文字の関係に気づき、それを身につけるのです。

また、子どもによって好みは異なるので、バラエティーに富んでいる方が、ピッタリの絵本に出会いやすいでしょう。

最後に、当然のことながら英語の入力ですから、**「英語の音声が付いている」こと**は必須です。音声に関しては、効果音などは最小限に留めた、スッキリとした録音が好ましいでしょう。

◉親が絵本を読んであげるときの注意点

絵本も入力の仕方は同じです。まずは、音声を繰り返しかけ流します。

また、その正しい音声の入力とは別に、**親が絵本を読んであげましょう**。プロローグでご紹介したQ＆Aでは「英語で話しかけない方がよい」と書きましたが、この場合には入力ではなく出力の誘い水なので大丈夫です。

いくつかある読解力育成法でも、これが最も直感的であり、かつ幼児期にしかできません。理屈抜きで本人すら気づかないうちに、英語が読めるようになってしまう。絵本の暗唱は極めて自然かつ優れた読解力育成法なのです。

親の読み聞かせ時の注意点は、**素速く読み進め、内容を説明しないこと**です。

絵本は絵とそこに書いてある言葉のみで完結しています。道徳教育でもなければ、情操教育でもなく、あくまでも読解力の育成の取り組みなので、さっさっと読んであげましょう。

また、絵本の一部を暗唱するようになったら、その部分は子どもに任せて、親は繰り返し読まないようにしましょう。出力のモチベーションアップに繋がります。

Learning materials

教材コーナー③
絵本

世の中には優れた絵本がたくさんあります。英語の絵本も星の数ほどあります。親御さん自身が好きな絵本のシリーズで暗唱を進めれば、二重に楽しいはずです。Roger Hargreaves の“MR. MEN LITTLE MISS”シリーズなどは冊数も多く、内容も短く、暗唱にはピッタリです。Eric Hill の“Spot”シリーズも仕掛けがあって、短く暗唱しやすいでしょう。また、少し長くなりますがDr.Seuss の“The Cat in the Hat”シリーズもライミングの絵本としては古典的王道をいっています。

読解力育成には１００冊とか２００冊といったボリュームが必要で、音源のことも考えると、かなりのコストになります。私どもで開発した『I Can Read!』という絵本シリーズのリンクを貼っておきますので、これも、１つの基準として参考にしていただくとよいでしょう（ＱＲコード参照）。

第5章

小学校低学年から始める英語「超効率」勉強法

この章のSUMMARY

- 小学生になると学校で「かな」を学ぶため、英語をひらがなのリズムで聞いてしまい、幼児期のような英語の「リズム回路」を自然に身につけるのが難しくなる。

- そこでお勧めなのが「倍速学習」。英文を標準スピード、２倍速、４倍速とスピードを上げて聞き、改めて標準に戻すと英語が遅く感じられ、聞き取れるようになる。小学生は「読む」学習も可能なので、テキストを見ながら音声を聞かせるのがポイント。

- この小学校低学年の年代から、子どもが自分で約束してそれを守る「自律学習」の習慣もつけさせたい。

1 倍速学習と暗唱がキーワード

◉なぜ小学生になると英語の入力が困難になっていくのか

小学生から英語学習を始める子には、幼児期とは異なるアプローチが必要です。小学生の英語学習においては、かけ流しからの「入力」が困難になっているデメリットがある一方で、文字を使った学習ができるようになっているというメリットがあります。

その2点を考慮した**ベストの学習法は、倍速を使った暗唱を取り入れることです。**倍速学習については次の項以降で詳しく述べていくことにします。

ところで、何度か本書でも触れていますが、なぜ小学生になると「入力」が困難になる、つまり聞き取りができなくなるのでしょう。

その仕組みは単純で、**小学生になると日本語の読解力が身についていくこと**と関係しています。つまり、それは小学1年の国語の授業で「ひらがな」を身につけていくことと深く繫がっているのです。

小学1年生の春と1年生の冬で、どのように音の聞き取り方に差が出るのかを調査した面白い研究があります。

小1の春では、まだひらがなを完全に読めない子が少なくありません。しかし、小1の終わりには、ほとんどの子がひらがなを読めるようになっています。

この実験では、それによって、外国語の知覚に差が生じるのかどうかを調べています。すると興味深いことがわかりました。

子どもたちにいろいろな語をどんなリズムで理解するのかを調査したところ、小1の春の段階では「パンダ」を「パン・ダ」と2拍で、また「ベランダ」は「ベ・ラン・ダ」と3拍のリズムで切り分ける子がかなりの割合を占めました。

ところが、冬・三学期になると、ほとんどの子が「パ・ン・ダ」「ベ・ラ・ン・ダ」と分節するようになっていたのです。特徴は「ん」に一拍賦与されている点です。これは日本語に特徴的な性質なのです。

5-1 小学1年生で劇的に外国語の「知覚」が変化する

【実験】 日本人の小1の春（ひらがなが読めない可能性大）と冬（ひらがなをマスターした頃）で彼らが英語と外国語のどちらのリズムで単語を理解するか検証してみた。

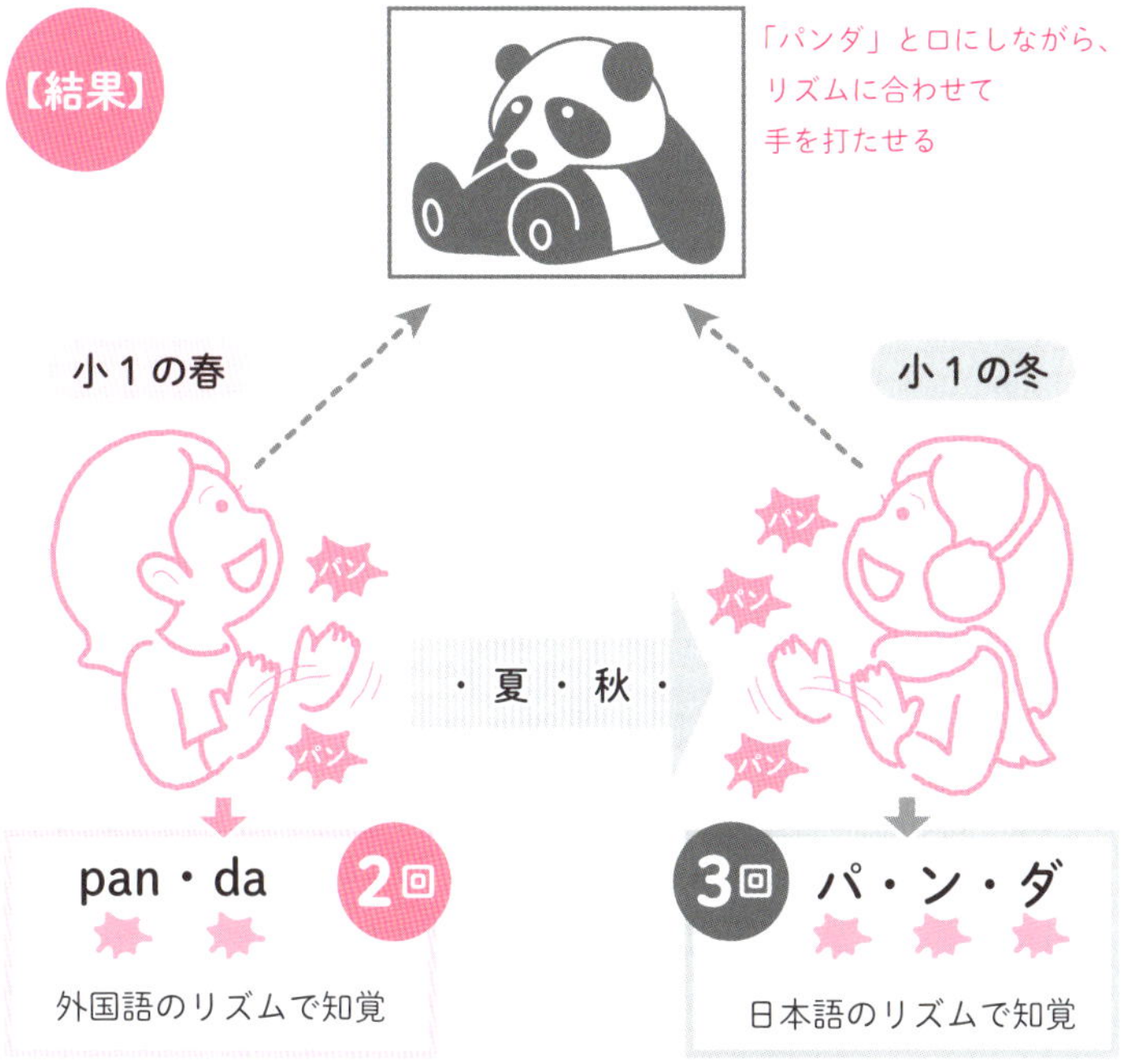

※人は母語の「リズム」で外国語を聞いてしまう。

つまり、かなの学習が進むことで、小学校1年の冬には、英語を素直に聞き取るのではなく、日本語の「五十音」の知識で聞き取ろうとするようになるのです。**このあたりから英語の聞き取りは決定的に苦手になります。**

◉柔軟なリスニング能力と文字が読めるという特性を活かす

運良く幼児期に体系的な英語の環境に恵まれていれば、英語の聞き取り能力は育っているので、小学生になっても聞き取ることはできます。

しかし前記の理由から、小学生でいちからスタートの場合には、英語を単に聞き流すだけでは、大人と同じく日本語の知識に影響を受けて入力されません。

ただ、小学生になったからといって、嘆く必要はありません。小学生は幼児ほど英語の聞き取りは上手ではありませんが、それでも、大人よりははるかに耳は良く、英語の「真似」も上手です。まだまだ言語に対する柔軟性は十分あるのです。

しかも、**小学生の英語学習では文字情報も使用できるという強みがあります。**

幼児期には文字情報はあくまでも副次的な存在で、音の学習を中心に進めなくてはいけませんでしたが、小学生になると、日本語の読みができることで「文字を読む」という能動的な学習ができるのです。

中学生や大人よりもはるかに柔軟なリスニング能力と、幼児にはない文字に対する積極性を活用した暗唱が、小学生低学年の英語学習には高い効果をもたらします。

しかし、通常のかけ流しでは英語は入力されないので、ちょっとした仕掛けが必要になります。

それが倍速学習です。しかも、「読む」という概念も身についているので、文字情報も併用した学習が有効です。

その倍速を使うと面白い心理効果が生じて、小学生以降でも英語を聞き取れるようになるのです。もちろん中学生以上にも効果的ですし、これは大人にも有効ですので、活用しない手はありません。

では、引き続き倍速学習の仕組みを見ていくことにしましょう。

2

倍速学習のすごい効果

◉「速聴」とリスニング力向上の関係を調べた実験

倍速学習、と我々は呼んでいますが、「速聴」とか「早聴き」などと呼ばれることもあります。名前はともあれ、**通常の速度ではなく、機械的に何倍かに速度を速めた音声を耳にする学習法**を指しています。

速聴はYouTubeやニュースサイトなどでも使用されています。少し再生スピードを上げることで、短時間でより多くの情報を耳にすることができる仕組みです。早送り再生は今日では当たり前の技術として世間に浸透しています。

そして、**これが外国語学習の1つのメソッドとして研究されている**のです。

基本的にリスニングなどの実験は大学の研究室で行われることが多く、対象となる被験者の顔ぶれをみると、ほとんどが大学生です。

そもそも、中学・高校の英語教育では指導要領によってカリキュラムの自由度が制限されており、民間で推奨されるリスニングや多読に多くの時間を割くことはできません。

その点、大学の授業カリキュラムは自由なので極論すれば、教授という立場なら何をやっても（生徒に評判がよい限り）許されるわけです。

現に第二言語獲得の研究も大学生を対象にしたものが多いのも、大学のこの自由な体制によるものでしょう。中高の英語に授業で「速聴」させるなど考えられないことです。


そのような環境で、大学生を対象に「速聴」の学習効果実験が行われました。

実験では、通常の速度と機械的に速度を上げた2つの英語の音源を学習教材として学生に提供し、その効果が測定されました。その結果、**「速聴」にはリスニング力向上の効果が認められました**。

学生たちはまず英語力にばらつきが出ないように、2つのグループに分けられました。そして、聞き取りテストとcloze testを受けます。cloze testとはところどころ空欄になっている文を補完する形式の問題のことです。

グループ分けされた学生たちは同じ内容でありながら録音の異なるスピードの音声を元に試験を受けます。

1つのグループは通常のスピードで再生された音声、もう1つのグループは1・4倍に加工された英語音声を使用してそれぞれのテストをこなします。

その後、1週間にわたり、同じ音声、つまりノーマルグループはノーマルスピードの音声、倍速グループは速聴用の音声を使い家庭で課題をこなします。

ちなみに、2つのグループはお互いにそれぞれが異なったスピードの音声を耳にしていることは知りません。これは特定のグループにモチベーションが高まる効果などの不要な心理効果が含まれないようにするため。心理実験では通常の手続きです。

そして、1週間後に再試験が行われました。試験では、サプライズで課題として学習したものとは別の内容のディクテーション（聞き取り試験）が行われました。その結果、**1・4倍速で1週間にわたり英語のリスニング練習を行ったグループの方が、はじめて耳にする英文の聞き取りに高い成績を収めた**のです。

これは統計的にも有意な（意味があると認められる）結果ですので、偶然の産物で

5-2 英語の倍速学習の「インターチェンジ効果」

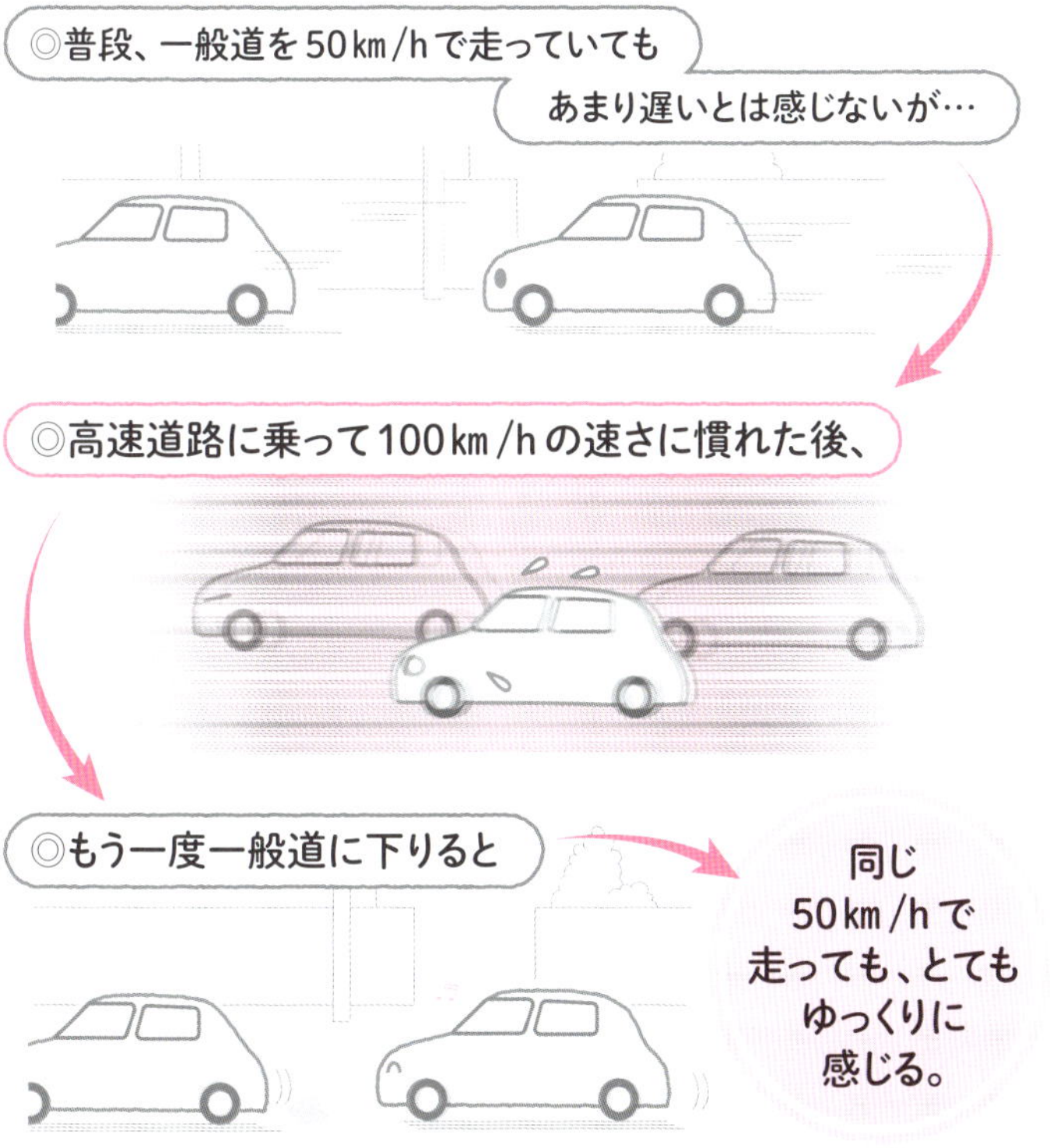
◎普段、一般道を50km/hで走っていても
あまり遅いとは感じないが…
◎高速道路に乗って100km/hの速さに慣れた後、
◎もうー度一般道に下りると
同じ
50km/hで
走っても、とても
ゆっくりに
感じる。

英語も、通常の速度→スピードを上げる→通常の速度に戻すと、「ゆっくり」に感じられて、普段は聞き取れない言葉が聞き取れるようになる。

はありませんでした。

◉速聴の効果効能を活かしたのが「倍速学習」

倍速学習に関しては「インターチェンジ効果」（高速道路から一般道に下りると普段の走行速度が非常に遅く感じる）というものがしばしば語られ、その効果の有無が議論の対象にもなっています。反対派からは「一時的な効果である」との主張が聞かれたりします。

しかし、この実験から、効果は一時的でなく、持続していることがわかります。最後の学習はおそらく前日なりに行われていますので、翌日の実験までには時間的な空白があります。それにもかかわらず学習効果が持続していたのです。

1週間や2週間ではなく、より長きにわたる研究が必要である、とこの実験を行った論文の著者も述べていますが、その結果を待ちたいところです。

類似した実験でも倍速学習の効果は認められているので、効果的な外国語の学習方法の1つの選択肢として「倍速学習」を挙げられることは眉唾物ではなさそうです。

3 倍速学習の進め方

◉スピードを段階的に上げて最後に元に戻すと効果的

それでは、具体的にどのように小学生に倍速学習を進めていくのかを見ていきましょう。

まるで意味不明なものを聞かせ続けても入力にはなりません。「既知情報＋1」の入力（48ページ以降参照）が必要なため、**まずは内容の理解を促すために日本語を経由させるのが効果的です**。

最初に全体の内容を日本語で理解させます。これによって「この文はこんなことを言っている」「この台詞はこんな意味だ」など、文単位の理解が促されて、学習の準備が整います。

もちろん、文法指導や逐語訳は避けなくてはいけません。あくまでも英語のまま理解する能力を育てることが目的です。

日本語で内容を理解したら倍速学習のスタートです。**まずは、標準スピードで英文を聞かせます**。このとき、小学生である強み、つまり文字情報にも親和性があるメリットを活かして、テキストを見ながら音声を聞かせます。この段階では通常スピードの英文は速く聞こえます。

続いて2倍速を流します。ここでは、テキストを閉じて文字を追わずに音声に集中します。もちろん、ただでさえ速い英語の音声が2倍速になるのですから、聞き取れるわけはありません。肩の力を抜いて音声に耳を傾けます。

そして、**さらに4倍速（現実的には3・6倍程度）までスピードを上げます**。すると、もはや聞き取ることは不可能です。それでよいので集中して聞きます。

その後**改めて標準スピードを耳にすると、先に述べたような「インターチェンジ効果」が見られて、英語が遅く感じられます**。つまり、通常は聞き取れないはずの英語が聞き取れるのです。

●倍速学習で英語への苦手意識を取り除く

倍速学習の効果は既述の「インターチェンジ効果」に加えて、通常では聞き取れな

5-3 英語の倍速学習の進め方

STEP 1 **ノーマルスピード**

テキストを見ながら音声を聞く。一緒に言えるようなら言ってみる。速く感じるのでついていくので精一杯。でもそれでOK。

STEP 2 **2倍速**

テキストを見ずに、音声に集中する。一緒に言う必要はない。肩の力を抜くのがポイント。

STEP 3 **3.6倍速**

テキストを見ずに、音声に集中する。少しでも聞き取れれば十分。全く聞き取れなくてもOK。リラックスして！

STEP 4 **ノーマルスピード**

Do you want to go to the park?
Alright, I've brought some bread so we can feed the

テキストを見ながら音声に合わせて文章を目で追う。するととてもゆっくりに聞こえる。一緒に言ってみると言えるところが多いことに気づく。

英語への苦手意識がなくなり心理的ブレーキが発動しない！

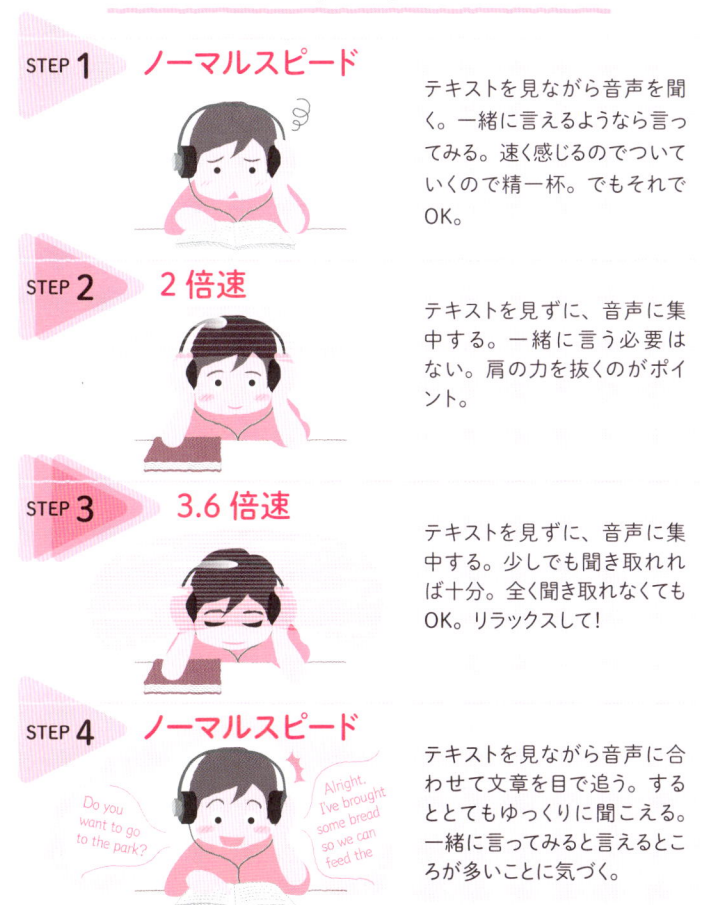

いはずの「英語を聞き取れる」という「成功体験」にもあります。**聞いても聞いても聞き取れない英語に対する苦手意識を取り除き、さらに聞き取り能力を向上させることができるのです。**まことに不思議な英語学習法です。

もともと英語に対する苦手意識が植え付けられる前の小学生には、聞き取りに対する心理的抵抗を最初から排除する効果が期待できます。

聞き取れないことに関するストレスによる「心理的ブレーキ」を外し、英語に対しての抵抗感が生まれることを防ぐわけです。

抵抗感もなくスピードに慣れ、さらに「インターチェンジ効果」による「英語を聞き取れる」成功体験をし続けることで、英語がどんどん頭に入力されるようになります。

この倍速学習によって、**かけ流しだけでは入力できなかった小学生に対しても英語の入力が可能となるのです。**あとは、小学生の柔軟な脳が英文の「暗唱」をすることで、効率のよい入力と、本人の自信に繋がる出力が両方とも可能となるわけです。

これが、小学生以上には倍速学習を取り入れた暗唱が効果的であるゆえんです。

4 自律学習のススメ

◉子どもが将来「指示待ち人間」にならないために

さて、ここで、英語とは少し離れますが、小学生の学習全体を効率よく進めていくコツを1つご紹介します。これを身につけると、大人になっても役に立ちます。特にプランB（88ページ参照）での継続的な学習を楽に進めさせる下地となります。

それは、**「自律」学習の習慣づけです**。

この取り組みは幼児期にはなかなか難しいのですが、小学1年生にもなれば、どんな子でもできるようになります。逆に、早めに「自律」学習をできるように育てておかないと、小学校中学年以降、長く続くその後の学習に負の影響が生じます。

「自律」とは読んで字の如く「自らを律すること」です。

「やらなくてはいけないこと」や「やると決めたこと」を親にいちいち指摘される前

にキチンとやっつける子に育てるのです。そうすれば日々の宿題は当然のこと、夏休みの宿題も日記と自由研究を除けば、8月になる前に終わっている。そんな子が育ちます。

この**「自律」の心を育ててしまえば、親としては、これほど楽なことはありません**。夏休みの宿題もさることながら、中学受験や高校受験、さらには大学受験も自ら進んで取り組むようになります。

ヒトは生まれつき面倒なことが嫌いな生き物です。何かと理由をつけてサボろうとします。小学校から大学までは面倒ながらも与えられた課題をこなしていけば、とりあえず学生としてはその責務を果たすことはできるわけです。

しかし、社会に出れば課題は自ら探さなくてはいけません。そして、自ら決めたことをしっかりと実行していく。これには「自律」の心を持っていることが不可欠です。**「自律」の精神を身につけている人のみが、指示待ち人間を尻目により豊かな人生を送れるのです**。親子共に楽になれるので、自律の精神は早めに育ててあげましょう。

5-4 一番「超効率」な勉強法は自律の精神をはぐくむこと

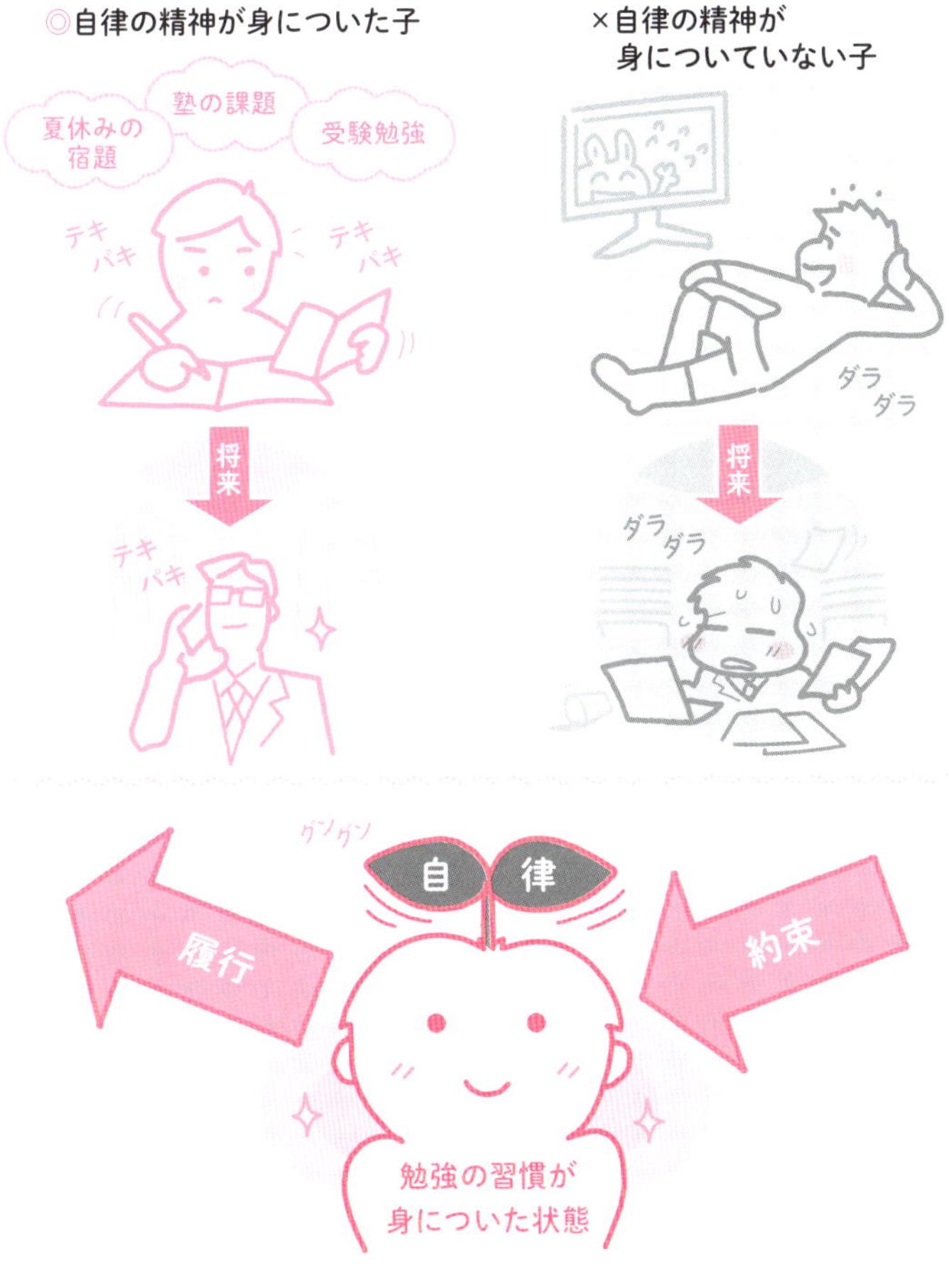

5 約束・履行のスパイラルで育つ自律の心

◉本人の意思で「やる！」と言わせるのがコツ

「自律」の心の育て方は簡単です。

まず、押しつけではなく、自らの判断で「やる」と決めさせるところから始めます。

英語の教材も「やりなさい」と押しつけるのではなく、「こんなのあるんだけど英語を勉強してみるかい？」と尋ねたりしつつ、うまい具合に本人の意思で「やる」と言わせるようにします。

そして、**「本人の意思で決めた」ことを親子の間で再確認して、教材に取り組み始めます。**

取り組み始めると、最初の数日は意気込みも手伝って学習は進みます。しかし、「三日坊主」というように、三日もすると意気込みは薄れてきて、面倒くさがりの心が頭をもたげます。

さて、ここが肝心です。子どもが取り組みをサボっているのを発見したときに、親がどのような態度に出るのかが、子どもに「自律」の精神を育《はぐく》めるか否かのカギを握ります。

「ちゃんとやりなさい」と言ってしまったら、はい、そこまで、です。そのことばに促されて取り組むのは「自律」的ではありません。

そして、翌日もサボり、親に促されて取り組む。その翌日も、その翌日も、同じことが繰り返されるうちに、親が根負けして、何も言わなくなってしまいます。

そして、ついには取り組みは自然消滅します。

「自律」の心も育ちません。

●「約束」と「履行」を繰り返すようにサポートする

「自律」を子どもの中に育てるためには、「約束」と「履行」の繰り返しが効果的です。

子どもがサボっているのを発見したら、取り組むことを促すのではなく、放っておきます。そして、寝る間際に「今日やった?」と尋ねます。

すると「忘れた」なり「やってない」と返事をして、「すぐやる」と言うかも知れません。ここで取り組ませてしまったらいけません。それでは、すでに述べたように、負のスパイラルに陥ってしまいます。

そこで、「約束」を持ち出すのです。

「今日はもう遅いから寝なさい。明日はしっかりやりましょうね」と声をかければ、どんな子でも「うん」と言うでしょう。これで「約束」が成立しました。

その翌日、また子どもの様子を眺めます。**取り組んでいればよし。「約束」が「履行」されたわけです**。

特に褒める必要はありません。なぜならば、自分でやると決めたことをやっているだけのことで、別段褒められるようなことをしているわけではないからです。

しかし、**またサボっているのを発見したときにどうするのかが肝心です**。

「やっていないじゃない。早くやりなさい」と言ってしまえば、そこでおしまい。負のスパイラル入りです。

まだ、就寝までに取り組む時間のあるうちに、**「あれ、昨日約束したよね」と持ち**

出します。すると「あ、忘れてた」と言うかも知れませんし、「今、やろうと思ってた」と言うかも知れません。そして取り組みます。

これは、強制されているのではありません。本質は「サボり」かも知れませんが、忘れていたことを思い出した「体」を取っているので、これはセーフです。

そして、**翌日取り組んでいれば良し、取り組んでいなければ、「あれ、やっていないね」を持ち出す**。

このようにして、いつの間にか言われなくても、キチンと取り組むようになります。これが、「自律」の心の育て方です。

小学生の英語教育のように学校外での課題となると、ついつい親も手心を加えがちですが、学外の英語でも「教育」であることには変わりありません。

いずれにしてもやらなくてはいけないことの1つです。約束・履行のサイクルで、しっかりとクリアしていきましょう。

第6章

小学校中学年以上から始める英語「超効率」勉強法

この章のSUMMARY

- 小学校の中高学年になると、日本語に加えてローマ字学習という、英語獲得には障害になる要素がさらに加わっている。

- そこでお勧めなのが、「フォニックス」を使って正しい英語の音韻知識を身につけること。英語と日本語の母音や子音の違いはもちろん、英語にあって日本語にはない「知らない音」を知ることも重要になる。

- もう一つお勧めしたいのが、「英語の素読」。意味は二の次にしてひたすら暗唱するように読み続けることで、入力による「直接法」で英語が身についていく。正しい発音で、辞書は引かず、10万語のテキストを4、5回繰り返し、声に出して読みたい。

1 フォニックスと英文素読

◉フォニックスで正しい英語の音韻知識を身につける

ところで、読者のみなさんはフォニックスをご存じでしょうか。ここまで何度か触れてきましたが、ここでようやく説明しておくことにします。

フォニックスとは「(英語の)音と文字(アルファベット)を関連づけながら読み方を学ばせるメソッド」です。口語英語はわかるが読み書きに未熟な(主に)幼児を対象とした正書法指導の1つです。

たとえばアルファベットの最初の'a'は音声では/æ/でその名前は/ei/です。このように、26文字のアルファベットを用いて綴りと音の関係を学ぶメソッドです。日本でも「ローマ字」という日本語の体系で文字を学びますが、それと英語の音声とは全く異なるものなので、フォニックスを用いた文字・音声の関連性の指導は極めて重要です。しかし、**残念ながら学校教育では正式に取り入れられてはいません。**

もちろん、フォニックスは小学校の低学年にも幼児にも有効ですが、高学年になると、特に英語の学習において必須になります。

英語学習の本格スタートが中学年になってしまった場合にも、前項の低学年向けの学習法で十分に学習は進みます。ただ、**高学年にもなると、正しい英語の音韻知識の獲得が難しくなります。すでに説明したローマ字教育の障害もあります。**そこで、「フォニックス」の出番です。

●日本語の母音の少なさが外国語を学ぶ際の「壁」になる

日本語と英語では音素が異なります。数え方にもよりますが、**英語には母音が20（単母音は11）、子音が24あります。一方の日本語は母音が5で、子音は16です。**

日本語の方が母音が少ないのではなく、英語の母音が多いのですが、いずれにせよ、日本語に母音が少ないことで英語のリスニングに問題が生じます。

すでに述べたように、英語の音韻知識を持っていない日本人は、英語を聞くときに日本語の音韻の知識で聞き取ってしまいます。

子音に関しては、/f/, /v/, /θ/, /ð/, /l/ など、日本語に存在しない音を身につける

6-1「フォニックス」って???

フォニックスとは子どもたちに英語の音と文字の関係を教えることで読み書きの能力を身につけさせる教授法

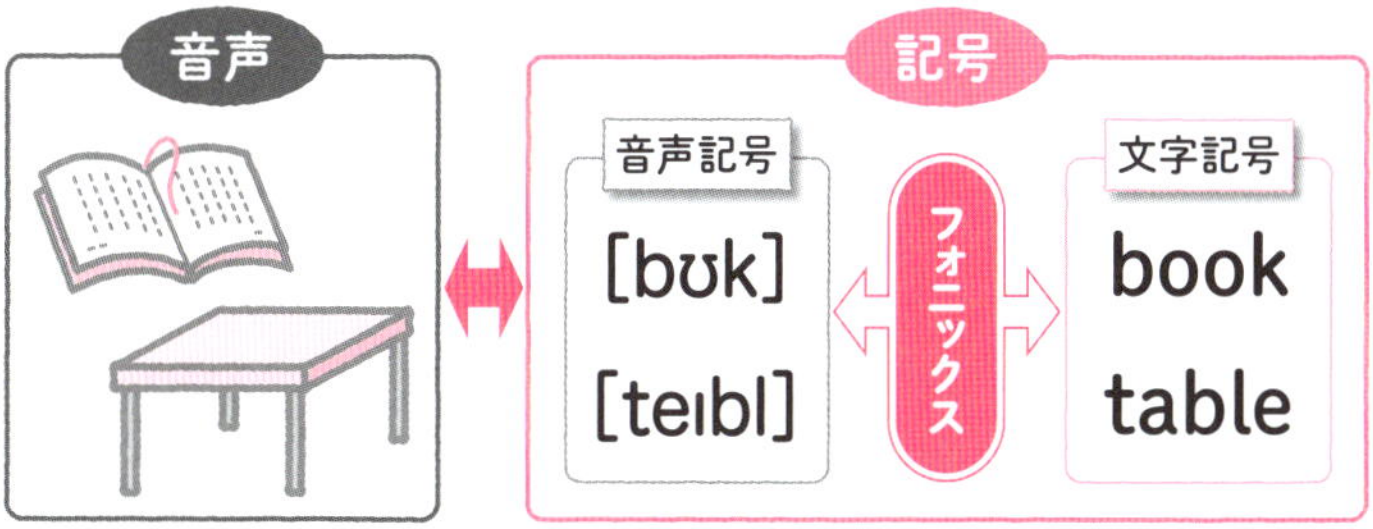

ローマンアルファベットには 2 つの読み方がある

①文字の名前（ei、bi:、si:、di: ...）
②文字の音　（æ、b、k、d ...）

cat　①だと‘sieiti:’
②だと‘kæt’←フォニックス　ちゃんと読める

pin　[pin]‘i’がフォニックス読み
pine　[pain]‘i’がアルファベット（名前）読み

これらのルールでかなり多くの単語が読み書きできる。
※もっとも‘the’‘friend’‘Tuesday’などルールに当てはまらないものもある。

必要がありますが、これらは比較的簡単です。

なぜなら、これらの音は日本語には存在しないので目立つのです。

一方で、**目立たない音の違いがあって、そちらの方が、獲得に時間がかかります。**

すでに紹介した例でいうと、'hat, hot, hut' は英語では意味が異なりますが、これらが米語で発音されると、日本人の耳にはすべて「ハット」に聞こえるのです。

米語では /hæt/, /hɑt/, /hʌt/ ですが、日本語には /æ/, /ɑ/, /ʌ/ の区別がないので、全て「あ」の範疇に自動的に分類されます。困ったもので、さらに、'caught' の /ɔː/ や、'about' の /ə/ までも「あ」に聞こえてしまうのです。

英語では語の意味を変えてしまう異なる音素を全部まとめて「あ」と聞き取るわけですから、いつまで経っても英語が聞き取れるようになるわけはありません。

また日本語では「慶應」は「ケーオー」と発音されるように、「えい」、「おう」は「えー」、「おー」なります。そして英語の二重母音の /ei/, /ou/ までも「エー」、「オー」と勝手に変換して聞き取ったりします。

◉「知らない音を知る」ことから始めよう

このように**日本語では「そこまで細かく分類しない」英語の母音の正しい知識を身につけさせることが重要です**。

加えて**日本語にない英語の子音の仕組みを理解することで、英語のリスニング能力が身につきます**。そのためにフォニックスを使った学習が有効です。

また、日本人は（「ん」）撥音を恣意的に産出する傾向にあります。たとえば「サンマ、サンタ、参加、3」と言う際の/n/がそれぞれ、音声学的には/m, n, ŋ, N/と区別される音で発音されます。「ん」のみを発音するとそれら4つの音のどれかを恣意的に選択するのです。

こうした日本語と英語の音韻の違いを埋めるためにも、また、英語の音を正しく知るためにもフォニックスを用いることが必要です。

知らない音は自覚できません。つまり「存在しない」も同然です。ただ、一度「フォニックス」を学習して目と耳からその存在を理解すれば、それらの音も耳に響くようになるのです。

2 幼児から中学生まで、素読で「ワンランク上の英語力」を

◉なぜ「英語の素読」はパワフルな勉強法なのか⁉

さて、フォニックスで英語のリスニング力を身につけることで、それは英検準2級に限らず準1級やそれ以上に通用する英語の「聴解力」へと繋がっていきます。

そこに、もう1つトレーニングを加えると、今度は「読解力」が飛躍的に向上します。**それが「英語の素読」です。**

「素読」というと「論語の素読」を思い浮かべる方もいらっしゃるでしょう。江戸期に子どもたちが寺子屋で四書などをひたすら読み下していたという、アレです。**素読は意味の理解は二の次にして、ひたすら暗唱するように読み続けること**を指します。

英語の素読も漢文の素読と同じです。もちろん、漢文のように日本語に読み下すことはせずに、英語の場合は英語の音声そのままに読み進めることになります。

意味の理解は二の次、ひたすら目の前に広がる英文を音声に変換していくトレーニングであることは共通しています。

「英語の素読」は第2章で少し触れた夏目漱石先生が、英語を学ぶ学生たちに推奨していた英語獲得法と、「わからなくてもひたすら読む」という点で共通しています。

さて、その素読ですが、これが効果絶大なのです。

言語は「音声が主」で「文字記号は従」です。少しロマンチックな言い方をすれば、音声に言霊が宿っているのです。文字記号はそれを記録している媒体に過ぎません。

そして、**その言霊を感じるためには、文字記号に封じ込められている英語を再び音声に変換し、魂を宿らせる**必要があります。

その音声変換の練習にもっとも適しているのが素読なのです。

英語の「(素読ではなく) 多読」は極めて高い効果の見込める、とても優れた学習法です。しかし、既述のように、チャレンジャーたちの多くは数ページ、数十ページでドロップアウトしていきます。

いくら興味や関心のあるジャンルの本でも、いきなり英語の本をそのまま読むのは、レベルが高すぎるのです。

もっと簡単なもの、意味が理解しやすいもの、つまり「既知情報＋１」から始めなければ、面白くも何ともありません。わけのわからないものの多読は、単なる拷問で、心理的ブレーキが働きかねません。

●英語を訳さず意味を無視して読む

素読は、そんな多読の困難さをスッキリと解決してくれます。

素読をすることで、英語を訳さず、ひたすら読み続ける習慣が身につきます。

実は、これこそ、つまり意味を無視して読むことことそが、英語上達の大いなる一歩なのです。

留学生はリーディングから英語を獲得すると述べましたが、大変な量の宿題が出される留学生たちは、寝ても覚めても読むことを余儀なくされます。いちいち辞書を引いていては間に合わないので、少々わからなくても読み飛ばして行きます。

そのようして英語漬けになることで、英語が自然に入力されていくのです。

その英語漬けを手軽に実践できるのが素読です。そして、素読を続けることで、名詞を訳さなくなると同時に、動詞や前置詞のイメージまでもが身についていくのです。

「英語の素読」は私が指導している中学生たちにも取り組ませています。

素読の効果は絶大で、早ければ1日で表れます。現に、指導している中学生たちの中には、英検を一度も受験したことがないにもかかわらず、1日の素読訓練を受けただけで、英検3級レベルを軽くクリアしてしまう子も珍しくありません。

また、指導をしている塾の先生からは「英語で足を引っ張られていた子が、素読のおかげで、英語の点が上がり、ワンランク上の高校に合格した」といううれしい報告もいただいております。

「英語の素読」は古いようで新しい、一歩先を行く英語力アップのトレーニングです。

英語をある程度読めるなら、**素読こそが、「入力」による「直接法」での「生活言語」としての英語を身につける近道なのです**。

3 英語の素読の進め方

◉英語の素読は「素材選びが9割」

それでは、具体的な素読の取り組み方へと進みましょう。

まず素読する素材が必要となります。素材選びを間違えると、多読のように失敗する可能性大です。素材選びで押さえておきたいポイントをいくつか挙げておくことにします。

素読では日本語に訳すことは厳禁です。**日本語に訳さなくても理解できるようなレベル、学校英語でいうと中3までのレベルの本がよいでしょう**。それも、5000語とか1万語では足りません。10万語単位の分量は欲しいところです。

10万語といっても、ピンと来ないかも知れませんので、いくつか指標を挙げてみます。中学校の英語の教科書3年分の地の文で使用されている語数は大体7000語です。多くても1万語くらいです。

一般的な中学の英語の教科書には「New Crown」「New Horizon」など6種類ほどあります。すべての教科書の使用語数を調べたわけではありませんが、大ざっぱな計算で、全部読んでも5万語程度にしかなりません。つまり、目標の半分にしかなりません。

オックスフォードのブックワームズシリーズなども低いレベルのやさしいものだと中学生レベルの英語力でも読むことは可能です。また、収録語数も記されていて便利です。

ただ、気をつけなくてはいけないのが、レベルは決して日本人の学校英語レベルには一致しておらず、あくまでも目安という点です。

レベルが上がると収録語数も増えるので、単純に多読という面では語数を稼げますが、やはり難しくなるので、それは多読であって素読に適しているとは言えません。

最初は超ビギナー向けの優しいものからスタートするのがお勧めです。

オックスフォード以外でも現地の小学生向けの副読本はたくさんあるので、さまざまなシリーズの入門レベルのものを選ぶといいでしょう。

英語の素読は「正しい発音」で行うことが大切です。正しい音で読んでこそ「言霊」が宿るわけです。

そのためには、ネイティブによる吹き込み音源が必須です。

寺子屋の素読では、子どもたちが声をそろえて読んでいる光景がイメージに浮かぶかも知れません。全くその通りでよいのです。例に挙げた中学生向けの塾の講座でも、みんなで声を合わせて読ませます。

英語の吹き込み音源は、それに合わせて夢中で読み続けることができるので素読には打ってつけです。

また、ネイティブの読み上げは比較的速いので、そのペースには付いていくだけでも大変です。つまり、**意味など考えている余裕はなく、目の前の文字の音声化に専念できるのです**。**「夢中で読む」**。これぞまさしく素読の醍醐味なのです。

◉「英語の素読」の効果を最大化する5つのポイント

さて、素読に適した素材が見つかったら、あとは実践あるのみです。

次の5つのルールを守って、素読に取り組んで下さい。

①正しい発音で声に出して読むこと
②日本語に訳さないこと
③辞書を引かないこと（つまり休憩以外は中断しないこと）
④（音源がない場合など自分のペースで読む場合は）できる限りの速さで読むこと
⑤10万語のテキストを４、5回繰り返して読むこと

最近は外出先でも取り組めるオンラインレッスンなどもありますが、英語の素読は声に出して読まなくてはいけないので、やはりご家庭で思う存分取り組むのがベストです。

音源と一緒に読み進めるのであれば、先ほど紹介した②から④までは心配する必要がありません。そして、1回きり読んでおしまいにするのではなく、5回ほど読ませます。

すると、**いつの間にか、英語を日本語に訳すことなく、英語のまま理解する読解力が身につく**のですから、ヒトの言語能力は摩訶不思議です。

Learning materials

教材コーナー④

素読教材

素読用の教材の条件はすでに紹介しましたが、具体的な教材としてはオックスフォードのブックワームズシリーズ（"Oxford Book worms"）などが挙げられます。

中学生レベルの文法知識がベースで、語彙もそれほど求められていないので、導入用のスターター、ステージ1あたりが素読には適しています。

しかし、もともと日本人の学習者に合わせて、つまり、日本で教えている特殊な英文法の教え方には合わせて作られていないので、いきなり過去形や完了形が出てきたりします。

素読教材に関しては、我々が日本人学習者のレベルに合わせて作った『7-day English』を参考にしてみるとよいでしょう。ＱＲコードのリンクから実際に体験してみれば、素読とはどんなものなのか、イメージがつかめると思います。

参考文献（その１）

◎ Clopper, C. (2011). "Phonetic Detail, Linguistic Experience, and the Classification of regional Language Varieties in the United States"

◎Cumins, J. (1999). "BICS and CALP: Clarifying the Distinction"

◎ Flege, J. (1995). "Second Language Speech Learning Theory, Findings and Problems"

◎ Flege, J. et al. (1996). "Amount of native-language (L1) use affects the pronunciation of an L2"

◎ Flege, J. (2018). "The CPH fails to predict foreign accent and segmental accuracy"

◎ Frey, C. and Osborne, M. (2013). "The Future of Employment: How Susceptible Are Jobs To Computerization?"

◎ Isbell, D. (2016). "The Perception-Production Link in L2 Phonology"

◎ Krashen, S. (1982). "Principles and Practice in Second Language Acquisition"

◎ Rommers, J. and Federmeier K. (2017). "Electrophysiological Methods"

◎ Saffran, J. et al. (1996). "Statistical Learning by 8-Month-Old Infants"

◎ Stevens, K. (2000). "Acoustic Phonetics (Current Studies in Linguistics)"

＜次ページに続く＞

参考文献（その2）

◎今井 むつみ, 針生 悦子. (2014)『言葉をおぼえるしくみ: 母語から外国語まで』(ちくま学芸文庫)

◎上野 輝夫. (2009).「日本語母国語話者はなぜ TOEFL の得点が低いのか -- 理由の考察と英語学習法の一提案」(関西福祉大学社会福祉学部研究紀要)

◎大竹孝司. (2001).「メタ言語としての音節の下位構造の発達に関する研究」

◎小椋たみ子. (2007).「日本の子どもの初期の語彙発達」(言語研究)

◎小林 哲生・南 泰浩・杉山 弘晃. (2012).「語彙爆発の新しい視点: 日本語学習児の初期語彙発達に関する縦断データ解析」

◎斎藤 純男. (2006).『日本語音声学入門』(三省堂)

◎文部科学省. (2018),「平成 29 年度英語教育改善のための英語力調査　事業報告」

読者の方に特別なプレゼント

子どもの「英作文力」はこうすれば上がる！

ページ数の関係で涙を飲んでカットした
“幻の第７章” をご希望の方に提供します。

- 子どもが自分の意見を持てるようになる
- 論理的な英作文が書けるようになる
- 物事を掘り下げて考える力がつく
- 英作文が苦手な子のために「裏技」まで教えちゃう

★特に★
英検対策
にお勧め
です！

ライティングや面接時の受け答えなど、発信力全般の向上に役立つコンテンツです。

このコンテンツをご希望の方は、右のQRコードまたは
https://www.palkids.co.jp/chokoritsu-eigo-cp7/
にアクセスしてご覧ください。

さらに！

著者が開発したパルキッズ教材の資料（無料）をご請求いただいた方には、**0歳から8歳向け英語教材『パルキッズプリスクーラー』の7日間体験オンラインレッスンをお試しいただけます。**資料のご請求方法は、上記特典ページから「資料請求」のボタンをクリックし、必要事項をご入力のうえご請求ください。

【著者紹介】

船津　洋（ふなつ・ひろし）

◉——1965年生まれ。東京都出身。株式会社児童英語研究所代表取締役所長。

◉——上智大学外国語学部英語学科卒業（言語学専攻）。高校時代に米国に留学し４か月で英語をマスター。カンザス州の大学などでも学ぶ。帰国後、右脳教育の第一人者・七田眞氏に師事し、同氏が設立した児童英語研究所に入社。以来30年以上にわたり、幼児教室や通信教育などの教務を通じて子どもの英語教育と発達研究に携わる。とくに、自身が開発した「パルキッズ」（DVD・CD-ROM）は音声を入り口にした英語インプット教材として、６万本を超えるヒット商品となった。1999年には同社の代表取締役所長に就任。累計で10万組以上の親子に対して、バイリンガルに育てるための指導を行っている。

◉——講演での軽妙な語り口には定評があり、全国各地で自身の英語教育メソッドを広めている。幼児や小学生への英検受験指導にも熱心で「会って話すだけでモチベーションが上がる」と子どもたちからも人気を博している。

◉——著書に、10万部超えのベストセラーとなった『たった「80単語」！読むだけで「英語脳」になる本』（三笠書房）のほか、『どんな子でもバイリンガルに育つ魔法のメソッド』（総合法令出版）、『ローマ字で読むな！』『英語の絶対音感トレーニング』（以上、フォレスト出版）など多数ある。

■船津洋公式サイト　http://funatsuhiroshi.com/

■パルキッズ公式サイト　https://www.palkids.co.jp/

10万組《まんくみ》の親子《おやこ》が学《まな》んだ

子《こ》どもの英語《えいご》「超効率《ちょうこうりつ》」勉強法《べんきょうほう》　〈検印廃止〉

2019年12月２日　第１刷発行
2020年２月３日　第２刷発行

著　者——船津　洋
発行者——齊藤　龍男
発行所——株式会社かんき出版
東京都千代田区麹町4-1-4 西脇ビル　〒102-0083
電話　営業部：03(3262)8011㈹　編集部：03(3262)8012㈹
FAX　03(3234)4421　振替　00100-2-62304
http://www.kanki-pub.co.jp/

印刷所——ベクトル印刷株式会社

　ISBN978-4-7612-7453-5 C0037